AF451672

MAXIMES

SUR

LE DEVOIR DES ROIS.

par l'abbé P. Barral

MAXIMES

SUR

LE DEVOIR DES ROIS,

ET

LE BON USAGE

DE LEUR AUTORITÉ.

Tirées de differens Auteurs.

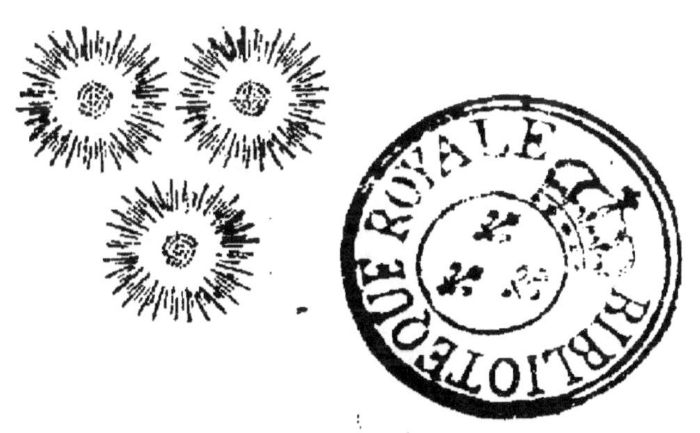

EN FRANCE.

M DCC LIV.

PREFACE.

PLusieurs abusant de la bonté
des Princes & de l'honneur
qu'ils en ont reçu, en sont devenus superbes & insolens.

Et non-seulement ils tâchent d'opprimer les Sujets du Roi, mais
ne pouvant porter avec modera-
tion la gloire dont ils ont été com-
blés, ils font des entreprises contre ceux même dont ils l'ont reçue.

Ils ne se contentent pas de mé-
connoître les graces qu'on leur a
faites, & de violer dans eux-mêmes les droits de l'humanité naturelle; mais ils s'imaginent même pouvoir se soustraire à la Justice du Dieu qui voit tout.

Leur folie a passé à un tel excès, que s'élevant contre ceux qui
s'acquittent de leur charge avec
une grande fidélité, & qui se con-

PRÉFACE.

duisent de celle sorte qu'ils méritent d'être loués de tout le monde; ils tâchent de les perdre par leurs mensonges & leurs artifices.

En surprénant par leurs deguisemens & par leur adresse la bonté des Princes, [que leur sincerité naturelle porte à bien juger de celle des autres.] Ceci se voit clairement par les anciennes Histoires, & on voit encore tous les jours combien les bonnes inclinations des Princes sont souvent alterées par de faux rapports.

C'est pourquoi nous devons pourvoir à la paix de toutes les Provinces.

Que si nous ordonnons des choses qui paroissent differentes, vous ne devez pas croire que cela vienne de la legéreté de notre esprit, mais plutôt que c'est la vue du bien public qui nous oblige de former nos Ordonnances selon la diversité des temps & la nécessité de nos affaires. Esther, Chap. 16. v. 2. & suivans.

TABLE

DES

MATIERES.

MAXIMES . . . . *tirées du petit Carême de M. Massillon, Evêque de Clermont, prêché devant Sa Majesté.* Pag. 1.

MAXIMES . . . . *tirées de l'Extrait d'un Sermon de l'Evêque de Sarlat, prêché devant Louis XIV, en 1646.* 41.

MAXIMES . . . . *tirées de la Politique de M. Bossuet Evêque de Meaux ; Précepteur de Monseigneur le Dauphin.* 43.

MAXIMES . . . . *tirées de l'Institution d'un Prince, par M. du Guet.* 75.

TABLE.

MAXIMES . . . . *tirées de l'Extrait de la Préface des Annales de la Monarchie Françoise , par Limiers.* 103.

Fin de la Table.

MAXIMES

SUR
LE DEVOIR DES ROIS,
ET
LE BON USAGE
DE LEUR AUTORITÉ;

Tirées du petit Carême de M. Massillon,
Evêque de Clermont ; prêché en 1718
devant S. M.

I.

SIRE, heureux le Peuple qui trouve ses modéles dans ses maîtres ; qui peut imiter ceux qu'il est obligé de respecter ; qui apprend dans leurs exemples à obéir à leurs loix ; & qui n'est pas contraint de détourner ses regards de ceux à qui il doit des hommages ! (*pag. 9.* *)

* Edition grand *in-12.* 1745.

A

II.

TEL EST, SIRE, le malheur des Grands que des passions injustes entraînent. Leur exemple corrompt tous ceux que leur autorité leur soumet : ils répandent leurs mœurs, en distribuant leurs graces ; tout ce qui dépend d'eux, veut vivre comme eux. SIRE, n'estimez dans les hommes que l'amour du devoir ; & vos bienfaits ne tomberont que sur le mérite : condamnez dans les autres ce que vous ne sçauriez vous justifier à vous-même ; les imitateurs des passions des Grands insultent à leurs vices en les imitant. Quel malheur, quand le Souverain, peu content de se livrer au désordre, semble le consacrer par les graces dont il l'honore dans ceux qui en sont ou les imitateurs ou les honteux ministres ! Quel opprobre pour un Empire ! Quelle indécence pour la majesté du gouvernement ! Quel découragement pour une Nation, & pour les Sujets habiles & vertueux, à qui le vice enleve les graces destinées à leurs talens & à leurs services ! Quel décri & quel avilissement pour le Prince dans l'opinion

des Cours étrangères ! Et de-là quel
déluge de maux dans le Peuple ! Les
places occupées par des hommes corrompus : les paſſions toujours ſuivies
par le mépris, devenues la voye des
honneurs & de la gloire ; l'autorité
établie pour maintenir l'ordre & la
pudeur des loix, méritée par les excès qui les violent : les mœurs cor-
rompues dans leur ſource, &c. (*pag.*
10, 11 *&* 12.)

I I I.

Mais, SIRE, ſi la juſtice & la
piété dans les Grands prennent la place des paſſions & de la licence, quelle
ſource de bénédictions pour les Peuples ! C'eſt la vertu qui diſtribue les
graces ; c'eſt elle qui les reçoit : les
honneurs vont chercher l'homme ſage
qui les mérite & qui les fuit ; & fuient
l'homme vendu à l'iniquité, qui court
après : les fonctions publiques ne ſont
confiées qu'à ceux qui ſe dévouent au
bien public : le crédit & l'intrigue ne
mênent à rien ; le mérite & les ſer-
vices n'ont beſoin que d'eux-mêmes :
le goût même du Souverain ne décide
pas de ſes largeſſes ; rien ne lui paroit

digne de récompense dans ses Sujets que les talens utiles à la Patrie : les faveurs annoncent toujours le mérite, ou le suivent de près ; il n'y a de mécontens dans l'Etat que les hommes oiseux & inutiles. . . . . En un mot, les Peuples sont soulagés, les foibles soutenus, les vicieux laissés dans la boue, les justes honorés, Dieu béni dans les Grands qui tiennent ici bas sa place, &c. (*pag.* 12 *&* 13.

I V.

SIRE, si l'amour du plaisir l'emporte dans les Souverains sur la gloire ; hélas ! tout sert à leurs passions ; tout s'empresse pour en être les ministres ; tout en facilite le succès ; tout en réveille les desirs ; tout prête des armes à la volupté : des Sujets indignes la favorisent ; les adulateurs lui donnent des titres d'honneur ; des Auteurs profanes la chantent & l'embellissent ; les arts s'épuisent pour en diversifier les plaisirs ; tous les talens destinés par l'Auteur de la nature, à servir à l'ordre & à la décoration de la société, ne servent plus qu'à celle du vice ; tout devient les Ministres, & par-là les complices de leurs passions in-

[5]

juftes. SIRE, qu'on eft à plaindre
dans la grandeur! Les paffions, qui
s'ufent par le temps, s'y perpétuent par
les reffources; les dégoûts, toujours
inféparables du défordre, y font ré-
veillés par la diverfité des plaifirs; le
tumulte feul, & l'agitation qui environne le Thrône, en bannit les ré-
flexions, & ne laiffe jamais un inftant
le Souverain avec lui-même. Les Na-
thans eux-mêmes, les Prophètes du Seigneur fe taifent, & s'affoibliffent en
l'approchant : tout lui met fans ceffe
fous l'œil fa gloire; tout lui parle de
fa puiffance; & perfonne n'ofe lui
montrer, même de loin, fes foibleffes.
(*pag.* 15 & 16.)

V.

LA FRANCE . . . eft encore plus en
fpeĉtacle qu'aucune autre Nation : les
étrangers y viennent en foule étudier
nos mœurs, pour les porter enfuite
dans les Contrées les plus éloignées. . . .
Et comme le Thrône a toujours leurs
premiers regards, (nous les voyons) fe
former fur la fageffe & la modération,
ou fur l'orgueil & les excès du Prince
qui le remplit. SIRE, montrez leur

un Souverain qu'ils puiſſent imiter ?
que vos vertus & la ſageſſe de votre
gouvernement les frappent encore plus
que votre Puiſſance : qu'ils ſoyent encore plus ſurpris de la juſtice de votre
Regne , que de la magnificence de votre Cour : ne leur montrez pas vos
richeſſes , comme ce Roi de Juda aux
Etrangers venus de Babylone ; mon-
trez-leur votre amour pour vos Sujets ,
& leur amour pour vous , qui eſt le
véritable thréſor des Souverains : ſoyez
le modéle des bons Rois ; & en fai-
ſant l'admiration des Etrangers , vous
ferez le bonheur de vos Peuples. (*pag.*
17 , 18 *&* 19.)

V I.

S I R E , les Princes , dès qu'ils ſe
livrent au vice , ne connoiſſent plus
d'autre frein que leur volonté ; &
leurs paſſions ne trouvent pas plus de
réſiſtance que leurs ordres. David veut
jouir de ſon crime : l'élite de ſon armée
eſt bientôt ſacrifiée ; & par-là périt le
ſeul témoin incommode à ſon inconti-
nence. Rien ne coûte , & rien ne s'op-
poſe aux paſſions des Grands : ainſi la
facilité des paſſions en devient un
nouvel attrait. : devant eux toutes les

[7]

voyes du crime s'applaniſſent, & tout
ce qui plaît eſt bientôt poſſible. . . . .
Les Princes & les Grands ne font
pas aſſez de cas des hommes, pour re-
douter leurs cenſures : les hommages
publics qu'on leur rend, les raſſûrent
ſur le mépris ſecret qu'on a pour eux :
ils ne craignent pas un public, qui
les craint, & qui les reſpecte ; & à la
honte du ſiécle, ils ſe flattent avec
raiſon, qu'on a pour leurs paſſions
les mêmes égards que pour leur perſonne. La diſtance qu'il y a d'eux au
Peuple, le leur montre dans un point
de vue ſi éloigné, qu'ils le regardent
comme s'il n'étoit pas : ils mépriſent
des traits partis de ſi loin, & qui
ne ſçauroient venir juſqu'à eux ; &
preſque toujours, devenus les ſeuls ob-
jets de la cenſure publique, ils ſont
les ſeuls qui l'ignorent. (*pag.* 27, 28
& 29.)

V I I.

SIRE, quel fléau pour les Grands,
que ces hommes nés pour applaudir à
leurs paſſions, ou pour dreſſer des
piéges à leur innocence ! Quel malheur pour les Peuples, quand les Princes & les Puiſſans ſe livrent à ces en-

nemis de leur gloire , parce qu'ils le
font de la fageſſe & de la verité ! Les
fléaux des guerres & des ſtérilités ſont
des fléaux paſſagers , & des temps plus
heureux raménent bientôt la paix &
l'abondance : les Peuples en ſont af-
fligés ; mais la fageſſe du gouvernement leur laiſſe eſpèrer des reſſources : le fléau de l'adulation ne permet
plus d'en attendre ; c'eſt une calamité
pour l'Etat, qui en promet toujours
de nouvelles : l'oppreſſion des Peuples déguiſée au Souverain , ne leur
annonce que des charges plus onéreu-
ſes : les gémiſſemens les plus touchants
que forme la miſére publique , paſ-
ſent bientôt pour des murmures : les
*remontrances les plus juſtes & les plus
reſpectueuſes* , l'adulation les traveſ-
tit en une témérite puniſſable ; & *l'im-
poſſibilité* d'obéir n'a plus d'autre nom
que la rébellion & la mauvaiſe volonté qui refuſe. (*pag.* 33 & 34.)

V I I I.

SIRE „défiez-vous de ceux , qui ,
pour autoriſer les profuſions immenſes
des Rois, leur groſſiſſent ſans ceſſe
l'opulence de leurs Peuples. . . . le

zelé de vos Sujets eſt inépuiſable ; mais
ne méſurez pas là-deſſus les droits que
vous avez ſur eux. . . . vous augmen-
terez vos reſſources en augmentant
leur tendreſſe. . . . ſouvenez-vous de
ce jeune Roi de Juda. . . . qui pour
avoir voulu exiger de ſes Sujets au-
delà de ce qu'ils lui devoient. . . perdit
leur amour & leur fidélité qui lui étoit
dûe. Les conſeils agréables ſont rarement des conſeils utiles ; & ce qui
flatte les Souverains, fait d'ordinaire
le malheur des Sujets. (*pag.* 34 *&* 35.)

I X.

LES SUGGESTIONS flatteuſes des méchans (diſoit Aſſuérus) ont toujours
perverti les inclinations louables des
meilleurs Princes ; & les plus anciennes
hiſtoires nous en fourniſſent des exemples : *Et ex veteribus probatur hiſto-*
riis. . . . . Quomodò malis quorumdam
ſuggeſtionibus, regum ſtudia depraven-
tur. C'étoit un Roi infidele qui fait
cet aveu public à ſes Sujets : les conſeils
ſpecieux & iniques d'un *flatteur* al-
loient ſouiller toute la gloire de ſon
Empire : la fidélité du ſeul Mardochée
arrêta le bras prêt à tomber ſur les

innocens. Un seul Sujet fidéle décide souvent de la felicité d'un regne & de la gloire du Souverain ; & il ne faut aussi qu'un seul *Adulateur*, pour flétrir toute la gloire du Prince, & faire tout le malheur d'un Empire. (*pag.* 36.)

X.

Les discours flatteurs assiégent le Thróne (des Rois) s'emparent de toutes les avenues, & ne laissent plus d'accès à la Vérité. Ainsi le Souverain est seul étranger au milieu de ses Peuples ; il croit manier les ressorts les plus secrets de l'empire, & il en ignore les événemens les plus publics : on lui cache ses pertes ; on lui grossit ses avantages : on lui diminue les miséres publiques : on le joue à force de le respecter : il ne voit plus rien tel qu'il est : tout lui paroît tel qu'il le souhaite. . . . C'est l'adulation qui fait d'un bon Prince, un Prince né pour le malheur de son Peuple : c'est elle qui fait du Sceptre un joug accablant ; & qui à force de louer les foiblesses des Rois, rend leurs vertus mêmes méprisables. (*pag.* 38 *&* 39.)

X I.

Mais l'adulation la plus dangereuse
est dans la bouche de ceux, qui, par
la sainteté de leur caractère, sont établis les ministres de la vérité : allez,
dit le Seigneur, à l'esprit de mensonge : entrez dans la bouche des Prophêtes du Roi Achab : vous réussirez ;
vous le tromperez ; & sa séduction
est inévitable : *decipies & prævalebis.* . . . . (*pag.* 40 & 41.)

X I I.

Quel malheur pour les Grands ,
de trouver d'indignes apologistes de
leurs vices , parmi ceux qui en auroient dû être les Censeurs ; d'entendre autour de leur Thrône les Ministres
& les Interprêtes de la Religion , parler comme le Courtisan ; & trouver
des adulateurs , où ils auroient dû
trouver des Ambroises ! (*pag.* 42.)

X I I I.

Si (le Souverain) fait servir à lui
seul une puissance qui ne lui est donnée

que pour rendre heureux ceux qu'il gouverne.... s'il n'eſt Roi que pour le malheur des hommes , & que comme ce Roi de Babylone , il ne veuille élever la Statue impie, l'Idole de ſa grandeur , que ſur les larmes & les débris des Peuples & des Nations : Grand Dieu ! Quel fléau pour la terre ! Quel préſent faites-vous aux hommes dans votre colère, en leur donnant un tel Maître ! (*pag.* 49.)

X I V.

SIRE , ce ne fera ni la force de vos armées , ni l'étendue de votre Empire , ni la magnificence de votre Cour , qui vous rendront cher à vos Peuples ; ce feront les vertus qui font les bons Rois , la juſtice , l'humanité , la crainte de Dieu. Vous êtes un grand Roi par votre naiſſance ; mais vous ne pouvez être un Roi cher à vos Peuples que par vos vertus : les paſſions qui nous éloignent de Dieu , nous rendent toujours injuſtes & odieux aux hommes : les Peuples fouffrent toujours des vices du Souverain : tout ce qui *outre* l'autorité , *l'affoiblit* & la degrade ; les Princes domi-

[13]

nés par les passions , sont toujours
des Maîtres incommodes & bizarres ;
le gouvernement n'a plus de *régle* ,
quand le Maître lui-même n'en a
point : ce n'est plus la sagesse & l'intérêt public qui président aux conseils , c'est l'intérêt des passions , &c.
(*pag.* 64 *&* 65.)

X V.

LES PRINCES , SIRE , sont. . . . in-
téressés à protéger la vertu , puisque
les Empires & les Monarchies , &
le Monde entier ne subsistera , que
tant qu'il y aura de la vertu sur la
terre. (*pag.* 77.)

XVI.

MAIS ce n'est pas , SIRE , par
un simple respect , que les Princes
doivent honnorer les gens de bien :
c'est par la confiance ; ils ne trouveront d'amis fidéles , que ceux qui sont
fidéles à Dieu : c'est par les emplois
publics ; l'autorité n'est sûre & bien
placée qu'entre les mains de ceux qui
le craignent : c'est par des préféren-
ces ; les grands talens sont quelque-

fois les plus dangereux, si la crainte de Dieu ne sçait les rendre utiles : c'est par l'accès auprès de leur personne ; la familiarité n'a rien à craindre de ceux qui respecteroient même nos rebuts & nos mauvais traitemens : c'est enfin par les graces ; nos bienfaits ne sçauroient faire des ingrats, de ceux que le devoir tout seul & la conscience nous attache. (*ibid.*)

XVII.

LE BONHEUR, SIRE, n'est pas attaché à l'éclat du rang & des titres ; il n'est attaché qu'à l'innocence de la vie : ce n'est pas ce qui nous éleve au-dessus des autres hommes, qui nous rend heureux, c'est ce qui nous réconcilie avec Dieu. Vous portez la plus belle Couronne de l'univers ; mais si la piété ne vous aide à la soutenir, elle va devenir le fardeau même qui vous accablera. En un mot, point de bonheur où il n'y a point de repos ; & point de repos où Dieu n'est point. (*pag.* 87.)

XVIII.

PLUS on s'éleve, plus (la félicité)

semble s'éloigner de nous : les chagrins & les noirs soucis montent, &
vont s'asseoir même avec le Souverain
sur le Thrône : le Diadême qui orne
le front auguste des Rois, n'est souvent
armé que de pointes & d'épines qui le
déchirent ; & les Grands, loin d'être
les plus heureux, ne sont que les tris-
tes témoins qu'on ne peut l'être sans
la vertu sur la terre. (*pag.* 90.)

X I X.

UN GRAND voluptueux est plus malheureux & plus à plaindre que le
dernier & le plus vil d'entre le Peuple : tout lui aide à assouvir son injuste passion, & tout ce qui l'assou-
vit la réveille : ses désirs croissent avec
ses crimes ; plus il se livre à ses panchans, plus il en devient le jouet &
l'esclave : sa prospérité rallume sans
cesse le feu honteux qui le dévore,
& le fait renaître de ses propres cen-
dres : les sens devenus ses maîtres,
deviennent ses tyrans : il se rassasie
de plaisirs, & sa satiété fait elle-
même son supplice ; & les plaisirs
enfantent eux-mêmes, dit l'Esprit de
Dieu, le ver qui le ronge & qui le

dévore : *& dulcedo illius vermis.* Ainfi
les inquiétudes naiffent de fon abondance : fes defirs toujours fatisfaits ,
ne lui laiffant plus rien à défirer, le
laiffent triftement avec lui-même :
l'excès de fes plaifirs en augmente
de jour en jour le vuide ; & plus il
en goûte , plus ils deviennent triftes
& amers. (*pag.* 91.)

X X.

SIRE , le Thrône où vous êtes
affis , a autour de lui encore plus de
ramparts qui le défendent contre la
volupté , que d'attraits qui l'y en-
gagent : fi tout dreffe des piéges à
la jeuneffe des Rois , tout leur tend
les mains auffi pour leur aider a les
éviter. Donnez-vous à vos Peuples , à
qui vous vous devez ; le poifon de
la volupté ne trouvera guères de mo-
ment pour infecter votre cœur : elle
n'habite & ne fe plaît qu'avec l'oi-
fiveté & l'indolence ; que les foins
de la Royauté en deviennent pour
vous les plus chers plaifirs. (*pag.* 92.)

X X I.

CE N'EST pas régner de ne vivre que
pour

pour foi-même ; les Rois ne font que les Conducteurs des Peuples : ils ont à la vérité ce nom & ce droit par la naiſſance ; mais ils ne le méritent que par les foins & l'application. (*pag.* 92 *& 93.*)

X X I I.

LES GRANDS feroient inutiles fur la terre, s'il ne s'y trouvoit des pauvres & des malheureux : ils ne doivent leur élévation qu'aux befoins publics ; & loin que les Peuples foient faits pour eux, ils ne font eux-mêmes tout ce qu'ils font, que pour les Peuples. (*pag.* 114.)

X X I I I.

LES plus grands Hommes, SIRE, & les plus grands Rois ont toujours été les plus affables. Une fimple femme Thécuite venoit expofer fimplement à David fes chagrins domeftiques ; & fi l'éclat du Thrône étoit tempéré par l'affabilité du Souverain, l'affabilité du Souverain relevoit l'éclat & la Majefté du Thrône. (*pag.* 119.)

X X I V.

Nos Rois, SIRE, ne perdent

rien à se rendre accessibles : l'amour
des Peuples leur répond du respect
qui leur est dû. Le Thrône n'est élevé
que pour être l'azile de ceux qui viennent implorer votre justice ou votre
clémence : plus vous en rendez l'accès
facile à vos Sujets , plus vous en
augmentez l'éclat & la Majesté. *(ibid.)*

X X V.

Ces Princes invisibles & effémi-
nés. .... dont la seule présence glace le
sang dans les veines des Supplians, n'é-
toient plus , vûs de près , que de foibles
Idoles , sans ame , sans vie , sans
courage , sans vertu ; livrés dans le
fond de leurs Palais à de vils Esclaves ;
séparés de tout commerce , comme
s'ils n'avoient pas été dignes de se montrer aux hommes , ou que des hommes faits comme eux n'eussent pas été
dignes de les voir : l'obscurité & la
solitude en faisoient toute la Majesté.
(pag. 120.)

X X V I.

C'est .... aux Grands à remettre le
Peuple sous la protection des loix : la

Veuve, l'Orphelin, tous ceux qu'on foule & qu'on opprime ont un droit acquis à leur crédit & à leur puissance ; elle ne leur est donnée que pour eux : c'est à eux à porter aux pieds du Thrône les plaintes & les gémissemens de l'opprimé : ils sont comme le canal de communication, & le lien des Peuples avec le Souverain ; puisque le Souverain n'est lui-même que le Père & le Pasteur des Peuples. Ainsi ce sont les Peuples tout seuls, qui donnent aux Grands le droit qu'ils ont d'approcher du Thrône ; & c'est pour les Peuples tout seuls, que le Thrône lui-même est élevé : en un mot, & les Grands & le Prince, ne sont, pour ainsi dire, que les hommes du Peuple. (*pag.* 125 *&* 126.)

X X V I I.

Mais si loin d'être les protecteurs de sa foiblesse, les Grands & les Ministres des Rois, en sont eux-mêmes les oppresseurs ; s'ils ne sont plus que comme ces Tuteurs barbares, qui dépouillent eux-mêmes leurs pupilles : grand Dieu ! les clameurs du pauvre & de l'opprimé monteront devant

vous : vous maudirez ces races cruel-
les ; vous lancerez vos foudres fur
les Géants ; vous renverferez tout cet
édifice d'orgueil , d'injuftice & de
profpèrité , qui s'étoit élevé fur les
débris de tant de malheureux ; & leur
profpérité fera enfevelie fous fes rui-
nes. (*pag.* 126.)

XXVIII.

Et qu'a la Majefté du Thrône elle-
même , SIRE , de plus délicieux ,
que le pouvoir de faire des graces ?
Que feroit la puiffance des Rois , s'ils
fe condamnoient à en jouir tout feuls ?
Une trifte folitude , l'horreur des Sujets & le fupplice du Souverain. C'eft
l'ufage de l'autorité qui en fait le
plus doux plaifir ; & le plus doux ufage de l'autorité , c'eft la clémence &
la liberalité qui la rendent aimable.
(*pag.* 132 *&* 133.)

XXIX.

Vous ne ferez grand (SIRE)
qu'autant que vous ferez cher (à vos
Sujets) : l'amour des Peuples a toujours
été la gloire la plus réelle & la moins

[21]

équivoque des Souverains ; & les Peuples n'aiment guères dans les Souverains que les vertus qui rendent leur
regne heureux. (*pag.* 133 *&* 134.)

X X X.

Est-il pour les Princes une gloire
plus pure & plus touchante que celle
de regner fur les cœurs? . . . La gloire, SIRE, d'être cher à fon Peuple, & de le rendre heureux, n'eft
environnée que de la joye & de l'abondance. . . . Elle s'éleve dans le cœur
de chaque Sujet un monument plus
durable que l'airain & le bronze ; parce que l'amour dont il eft l'ouvrage,
eft plus fort que la mort. (*pag.* 134.)

X X X I.

Et quelle félicité pour le Souverain,
de regarder fon Royaume comme fa
famille ; fes Sujets comme fes enfans:
de compter que leurs cœurs font encore plus à lui que leurs biens & leurs
perfonnes; & de voir, pour ainfi dire,
ratifier chaque jour le premier choix
de la Nation qui éleva fes ancétres
fur le Thrône ! (*pag.* 135.)

XXXII.

LA LIBERTÉ, SIRE, que les Princes doivent à leurs Peuples, c'est la liberté des loix. Vous êtes le maître de la vie & de la fortune de vos Sujets ; mais vous ne pouvez en disposer que selon les loix : vous ne connoissez que Dieu seul au-dessus de vous, il est vrai ; mais les loix doivent avoir plus d'autorité que vous-même : vous ne commandez pas à des Esclaves, vous commandez à une Nation libre & belliqueuse, aussi jalouse de sa liberté que de sa fidélité ; & dont la soumission est d'autant plus sûre qu'elle est fondée sur l'amour qu'elle a pour ses maîtres. Ses Rois peuvent tout sur elle, parce que sa tendresse & sa fidélité ne mettent point de bornes à son obéissance, mais il faut que ses Rois en mettent eux-mêmes à leur autorité ; & que plus son amour ne connoît point d'autre loi qu'une soumission aveugle, plus ses Rois n'exigent de sa soumission que ce que les loix leur permettent d'en exiger : autrement ils ne sont plus les Pères & les Protecteurs de

leurs Peuples, ils en font les Ennemis & les Oppresseurs, ils ne re-
gnent pas fur leurs Sujets, ils les
fubjuguent. (*pag.* 148 *&* 149.)

XXXIII.

Ce n'est donc pas le Souverain,
c'est la loi, SIRE, qui doit regner
fur les Peuples. Vous n'en êtes que le
Miniftre & le premier dépofitaire : c'est
elle qui doit régler l'ufage de l'autorité ; & c'est par elle que l'autorité
n'est plus un joug pour les Sujets,
mais une régle qui les conduit ; un
fecours qui les protége ; une vigilance
paternelle, qui ne s'affure leur foumiffion, que parce qu'elle s'affure leur
tendrefle. Les hommes croyent être
libres quand ils ne font gouvernés
que par les loix : leur foumiffion fait
alors tout leur bonheur, parce qu'elle
fait toute leur tranquillité & toute
leur confiance : les paffions, les volontés injuftes, les defirs exceffifs &
ambitieux que les Princes mêlent à
l'ufage de l'autorité, loin de l'étendre,
l'affoibliffent. Ils deviennent moins
puiffans dès qu'ils veulent l'être plus
que les loix : ils perdent en croyant

gagner : tout ce qui rend l'autorité injuste & odieuse, l'énerve & la diminue : la source de leur puissance est dans le cœur de leurs Sujets ; & quelque absolus qu'ils paroissent, on peut dire qu'ils perdent leur véritable pouvoir, dès qu'ils perdent l'amour de ceux qui les servent. (*pag.* 150 *&* 151.)

X X X I V.

SIRE, un Prince qui n'a cherché sa gloire que dans le bonheur de ses Sujets ; . . . qui ne s'est regardé que comme l'homme de ses Peuples ; qui a crû que ses trésors les plus précieux étoient les cœurs de ses Sujets : un Prince qui par la sagesse de ses loix & de ses exemples a banni les désordres de son Etat, corrigé les abus, conservé la bienséance des mœurs publiques, maintenu chacun à sa place ; . . . . qui a regardé ses Sujets comme ses enfans, son Royaume comme sa famille, & qui n'a usé de sa puissance que pour la félicité de ceux qui la lui avoient confiée : un Prince de ce caractère sera toujours grand, parce qu'il est dans le cœur des Peuples.

Les

Les pères raconteront à leurs enfans le bonheur qu'ils eurent de vivre fous un fi bon Maître ; ceux-ci le rediront à leurs neveux ; & dans chaque famille, ce fouvenir confervé d'âge en âge, deviendra comme un monument domeftique élevé dans l'enceinte des murs paternels, qui perpétuera la mémoire d'un fi bon Roi dans tous les fiécles. (*pag.* 153, 154 & 155.)

X X X V.

Il faut, SIRE, que la vie d'un grand Roi puiffe être propofée comme une régle à fes Succeffeurs ; & que fon regne devienne le modele de tous les regnes à venir : c'eft par-là qu'il fera, fi je l'ofe dire, éternel comme le regne de Jefus-Chrift.... Aimez vos Peuples, SIRE, & que ces mêmes paroles, fi fouvent portées à vos oreilles, trouvent toujours un accès favorable dans votre cœur. Soyez tendre, humain, affable, touché de leurs miféres, compatiffant à leurs befoins, & vous ferez un grand Roi ; & la durée de votre regne égalera celle de la Monarchie. Dieu vous a établi fur une Nation qui aime fes

Princes , & qui par cela feul mérite d'en être aimée. Dans un Royaume où les Peuples naiffent , pour ainfi dire , bons Sujets , il faut que les Souverains en naiffant , naiffent de bons Maîtres. (*pag.* 158 & 160.)

X X X V I.

LA GRANDEUR (des Rois) eft toute dans l'amour de leurs Peuples : ce font eux qui perpétuent de fiécle en fiécle la mémoire des bons Princes. Et quelle gloire en effet pour un Roi, de regner encore après fa mort fur les cœurs de fes Sujets ! D'être fûr que dans tous les temps à venir , les Peuples , ou regrèteront de n'avoir pas vécû fous fon regne , ou fe féliciteront d'avoir un Roi qui lui reffemble ! Quelle gloire , SIRE , de faire dire de foi dans toute la fuite des fiécles , comme la Reine de Saba le difoit de Salomon : Heureux ceux qui le virent , & qui vécurent fous la douceur de fes Loix & de fon Empire ! Heureux l'âge qui montra à la terre un fi bon Maître ! Heureufes les Villes & les Campagnes , qui virent revivre fous fon regne l'abondance, la paix, la joie, la juſtice, l'innocence des âges les plus fortunés! Heureuſe la Nation que le Ciel favoriſera un jour d'un Prince qui lui ſoit ſemblable. (*pag.* 161.)

XXXVII.

Il n'est point de Prince ni de Grand, malgré la baſſeſſe, & le déréglement de ſes mœurs & de ſes panchans, à qui de vaines adulations ne promettent la gloire & l'immortalité ; & qui ne compte ſur les ſuffrages de la poſtérité, où ſon nom même ne paſſera peut-être pas, & où du moins il ne ſera connu que par ſes vices. Il eſt vrai que le monde qui avoit élevé ces Idoles de boue, les renverſe lui-même le lendemain ; & qu'il ſe venge à loiſir dans les âges ſuivans par la liberté de ſes cenſures, de la contrainte & de l'injuſtice de ſes éloges. (*pag.* 166 & 167)

XXXVIII.

Sire, il n'y a de grand dans les hommes que ce qui vient de Dieu : la droiture du cœur, la vérité, l'in-

nocence & la régle des mœurs , l'empire fur fes paffions ; voilà la véritable grandeur , & la feule gloire réelle
que perfonne ne peut nous difputer :
tout ce que les hommes ne trouvent
que dans eux-mêmes , eft fali , pour
ainfi dire , par la même boue dont ils
font formés : le Sage tout feul , dit un
grand Roi , eft en poffeffion de la véritable gloire ; celle du pécheur n'eft
qu'un opprobre & une ignominie. (*pag.*
184.)

XXXIX.

SIRE , un Grand , un Prince n'eft
pas né pour lui feul ; il fe doit à fes
Sujets : les Peuples , en l'élevant , lui
ont confié la puiffance & l'autorité ,
& fe font réfervés en échange fes
foins , fon tems , fa vigilance : ce n'eft
pas une idole qu'ils ont voulu fe faire
pour l'adorer ; c'eft un furveillant
qu'ils ont mis à leur tête pour les protéger & pour les défendre : ce n'eft pas
de ces Divinités inutiles qui ont des
yeux , & ne voyent point ; une langue ,
& ne parlent point ; des mains , & n'a-
giffent point : ce font de ces Dieux qui
les précédent , comme parle l'Ecriture , pour les conduire & les défendre :

cè sont les Peuples , qui par l'ordre de
Dieu , les ont fait tout ce qu'ils sont ;
c'est à eux à n'ètre ce qu'ils sont que
pour les Peuples. Oui , SIRE , c'est
le choix de la Nation , qui mit d'abord
le Sceptre entre les mains de vos An-
cêtres : c'est elle qui les éleva sur le
Bouclier Militaire & les proclama Souverains : le Royaume devint ensuite
l'héritage de leurs Successeurs ; mais ils
le dûrent originairement au consente-
ment libre des Sujets : leur naissance
seule les mit ensuite en possession du
Thrône ; mais ce furent les suffrages
publics qui attachérent d'abord ce droit
& cette prérogative à leur naissance :
en un mot, comme la première souree
de leur autorité vient de nous , les
Rois n'en doivent faire usage que pour
nous. Les flatteurs , SIRE , vous rediront sans cesse que vous êtes le maître , & que vous n'êtes comptable à
personne de vos actions : il est vrai que
personne n'est en droit de vous en demander compte ; mais vous vous le
devez à vous-même , & , si je l'ose dire ,
vous le devez à la France qui vous at-
tend , & à toute l'Europe qui vous regarde : vous êtes le maître de vos Sujets ; mais vous n'en aurez que le ti-

tre, fi vous n'en avez pas les vertus : tout vous eft permis ; mais cette licence eft l'écueil de l'autorité, loin d'en être le privilége : vous pouvez négliger les foins de la Royauté ; mais comme ces Rois fainéans, fi deshonorés dans nos hiftoires, vous n'aurez plus qu'un vain nom de Roi, dès que vous n'en remplirez pas les fonctions auguftes. (*pag.* 192, 193 & 194.)

X L.

SIRE, un Prince établi pour gouverner les hommes, doit connoître les hommes : le choix des Sujets eft la première fource du bonheur public ; & pour les choifir, il faut les connoître. Nul n'eft à fa place dans un Etat où le Prince ne juge pas par lui-même : le mérite eft négligé parcequ'il eft, ou trop modefte pour s'empreffer, ou trop noble pour devoir fon élevation à des follicitations & à des baffeffes : l'intrigue fupplante les plus grands talens ; des hommes fouples & bornés s'élevent aux premières places ; & les meilleurs Sujets demeurent inutiles. Souvent un David, feul capable de fauver l'Etat, n'employe fa valeur dans l'oifivété des

champs , que contre des animaux fau_r
vages ; tandis que des Chefs timides ,
effrayés de la feule préfence de Goliath ,
font à la tête des armées du Seigneur.
Souvent un *Mardochée* , dont la fidélité eft même écrite dans les monumens
publics , qui par fa vigilance a décou-
vert autrefois des complots funeftes au
Souverain & à l'Empire , feul en état par
fa probité & par fon expérience , de donner de bons confeils & d'être appellé
aux premières places , rampe à la porte
du Palais ; tandis qu'un orgueilleux
Aman eft à la tête de tout , & abufe
de fon autorité & de la confiance du
maître. (*pag.* 195 & 196.)

XLI.

Quel Regne , SIRE , plus glorieux en Ifraël que celui de Salomon ,
tandis qu'il demeura fidéle à la Loi de
fes Pères ? Quel gouvernement plus
fage & plus abfolu ? Tous les rafine-
mens de la politique ont-ils jamais
pouffé fi loin l'art de regner & de conduire les Peuples ? Quelle gloire &
quelle magnificence environnoit fon
Thrône ? . . . . Quel Prince vit jamais
fes Sujets plus foumis ; fes voifins s'ef-

timer plus heureux de son alliance ; &
des Souverains à la tête des Empires
plus vastes & plus puissans que le sien,
avoir pour sa personne des égards &
des déférences, qu'ils ne devoient pas
à sa Couronne ?...... Heureux s'il
ne fût pas sorti de ses premières voyes ;
& si les égaremens de sa vieillesse n'eussent pas flétri la gloire de son regne,
& altéré le bonheur de ses Sujets ! Ils
ne commencèrent à éprouver des charges excessives, & ne cessérent d'être
heureux, que lorsqu'il cessa lui-même
d'être fidéle à Dieu ; & que corrompu
par les femmes étrangères, il ne mit
plus de bornes à ses profusions & à
l'oppression de ses Peuples, & prépara
à son fils le soulevement qui sépara dix
Tribus du Royaume de David, & leur
donna un nouveau maître. (*pag.*206,
207 & 208.)

XLII.

IL N'EST pas honteux (aux Princes)
d'avoir pû être surpris : hélas ! Comment pourroient-ils s'en défendre :
Tout ce qui les environne presque s'é-
tudie à les tromper ; est-il étonnant
que l'attention se rélâche quelquefois,
& qu'ils puissent se laisser séduire ?...

.... Mais, SIRE, s'il n'est pas honteux aux Princes d'être surpris, malheur inévitable à l'autorité suprême,
il leur est glorieux d'avouer qu'ils ont
pû l'être: rien n'est plus grand dans
le Souverain, que de vouloir être dé-
trompé, & d'avoir la force de convenir soi-même de sa méprise. *Assuérus*
ne crut pas déroger à la Majesté de
l'Empire, en déclarant, même par un
Edit public, que sa bonne foi avoit été
surprise par les artifices d'*Aman*: c'est
un mauvais orgueil de croire qu'on ne
peut avoir tort ; c'est une foiblesse de n'o-
ser reculer, quand ou sent qu'on nous
a fait faire une fausse démarche : les
variations qui nous raménent au vrai,
affermissent l'autorité, loin de l'affoiblir:
ce n'est pas se démentir, que de revenir
de sa méprise : ce n'est pas montrer au
Peuple l'inconstance du gouvernement ;
c'est leur en étaler l'équité & la droiture.
Les Peuples savent assez & voyent assez
souvent, que les Souverains peuvent se
tromper ; mais ils voyent rarement qu'ils
sachent se désabuser & convenir de leur
méprise : il ne faut pas craindre qu'ils
respectent moins la puissance, qui avoue
son tort & qui se condamne elle-même :
leur respect ne s'affoiblit qu'envers celle,

ou qui ne le connoît pas , ou qui le justi-
fie ; & dans leur esprit rien ne deshonore
l'autorité que la foiblesse qui se laisse sur-
prendre , & la mauvaise gloire qui croi-
roit s'avilir , en convenant de son erreur
& de sa surprise. (pag. 213 , 214 &
215.)

XLIII.

SIRE , fermez l'oreille aux mauvais conseils & aux insinuations dangereuses de l'adulation.... Mais comme ... tôt ou tard elles trouvent accès
auprès du Thrône ; si l'inattention vous
les a fait suivre ; que l'intérêt seul de
votre gloire, quand vous serez détrom-
pé , vous les fasse à l'instant désavouer.
Il est encore plus glorieux d'avouer sa
surprise , que de n'avoir pas été surpris : rien n'est plus beau dans le Souverain , qui ne dépend de personne , de
vouloir toujours dépendre de la vérité :
on craindra de vous imposer , quand
l'imposture & l'adulation démasquée
n'aura plus à attendre que votre désa-
veu & votre colére : c'est l'orgueil des
Rois tout seul , qui autorise & enhar-
dit les adulations & les mauvais conseils : & s'il est vrai que ce sont d'ordinaire les Adulateurs , qui font les

mauvais Rois, il eſt encore plus vrai,
que ce ſont les mauvais Rois, qui for-
ment & multiplient les Adulateurs.
(*pag.* 215 & 216.)

XLIV.

Le Monde ne manque jamais de
ces hommes vendus à l'iniquité , dont
l'unique emploi eſt de noircir auprès
des Grands , ceux qui ont le malheur
de leur déplaire , ou qui plaiſent trop
pour être de leur goût ; & ces hommes corrompus , & qu'on devroit ban-
nir de la ſociété , ne manquent jamais
de trouver des Grands qui les écoutent
& qui les protégent. On érige en mérite le zéle qu'ils étalent pour nos intérêts , & on leur fait une vertu d'un
miniſtère infâme , dont on rougit tout
bas ſoi-même : Doeg l'Iduméen devient cher à Saül , dès qu'il devient le
Miniſtre de ſa jalouſie & de ſa haine
contre David. (*pag.* 227.)

XLV.

On n'est pas digne de ſoutenir la
juſtice & la vérité , quand on peut aimer quelque choſe plus qu'elle : une
démarche oppoſée à l'honneur & à la

conscience, est bien plus à craindre pour une ame noble que la colére de César. Mais d'ailleurs, S I R E, c'est servir la gloire du Prince, que de ne pas servir à ses passions : *il est beau d'oser s'exposer à son indignation, plutôt que de manquer à la fidélité qu'on lui a jurée, & si les Princes, comme vous, peuvent compter sur un ami fidéle, il faut qu'ils le cherchent parmis ceux qui les ont assez aimés pour avoir eu le courage d'oser quelquefois leur déplaire :* plus ceux qui leur applaudissent sans cesse, sont nombreux ; plus *l'homme vertueux*, qui ne se joint point aux adulations publiques, *doit leur être respectable.* (pag. 234.)

X L V I.

LES EMPIRES ne peuvent se soutenir que par l'équité des mêmes Loix qui les ont formés ; & l'injustice à bien pû détrôner des Souverains, mais elle n'a jamais affermi les Thrônes : les Ministres qui ont *outré* la puissance des Rois, l'ont toujours *affoiblie* : ils n'ont élevé leur maître que sur la ruine de leurs Etats ; & leur zéle n'a été utile aux Césars, qu'autant qu'il a respecté *les loix de l'Empire. (pag. 236.)*

XLVII.

(JESUS-CHRIST) SIRE, eft le grand modéle des Rois. Du haut de fa Croix il inftruit les Grands & les Princes de la terre : regardez , leur dit-il, & faites felon ce modéle : j'ai quitté mon Royaume, & je fuis defcendu de ma gloire pour fauver mes Sujets ; vous n'êtes Rois que pour eux, & leur bonheur doit être l'unique objet de tous les foins attachés à votre Couronne. Oüi, SIRE, c'eft un Roi qui donne fa vie pour fon Peuple ; & il ne vous demande que votre amour pour le vôtre........ C'eft un Roi qui fait de la Croix fon Thrône, & le lieu de fes douleurs & de fes fouffrances ; regardez le vôtre, comme un lieu de foins & de travail, & non comme le Siége de la volupté & de la molleffe : c'eft un Roi qui ne veut regner que fur les cœurs ; l'ufage le plus glorieux de vetre autorité, c'eft celui qui vous affurera l'amour de vos Peuples : c'eft un Roi qui vient apporter la paix, la vérité, la juftice aux hommes, & qui ne veut que les rendre heureux ; SIRE, regnez pour notre bonheur,

& vous regnerez pour le vôtre. (*pag.*
246 & 247.)

XLVIII.

SIRE, un Prince qui craint Dieu
& qui gouverne fagement fes Peuples,
n'a plus rien à craindre des hommes...
... Sa modération fera le plus fûr ram-
part de fon Empire : il n'aura pas befoin de Garde qui veille à la porte de
fon Palais ; les cœurs de fes Sujets en-
toureront fon Thrône & brilleront autour, à la place des glaives qui le défendent : fon autorité lui fera inutile pour
fe faire obéir ; les ordres les plus fûre-
ment accomplis font ceux que l'amour
exécute ; & la foumiffion fera fans
murmure, parcequ'elle fera fans contrainte : toute fa puiffance l'auroit ren-
du à peine maître de fes Peuples ; par
la vertu il deviendra l'arbitre même des
Souverains. (*pag.* 254 & 255.)

XLIX.

UN PRINCE maître de fes paffions ;
apprénant fur lui-même à commander
aux autres ; ne voulant goûter de l'autorité, que les foins & les peines que
le devoir y attache, plus touché de fes

fautes que des vaines louanges qui les
lui déguisent en vertus ; regardant
comme l'unique privilége de son rang,
l'exemple qu'il est obligé de donner aux
Peuples ; n'ayant point d'autre frein
ni d'autre régle que ses désirs, & faisant pourtant à tous ses désirs un frein
de la régle même ; voyant autour de
lui tous les hommes prêts à servir à ses
passions, & ne se croyant fait lui-même que pour servir à leurs besoins ;
pouvant abuser de tout, & se refusant
même ce qu'il auroit eu droit de se
permettre : en un mot, entouré de
tous les attraits du vice, & ne leur
montrant jamais que la vertu ; un
Prince de ce caractère est le plus grand
Spectacle que la foi puisse donner à la
terre : une seule de ses journées compte
plus d'actions glorieuses que la longue
carrière d'un Conquérant ; l'un a été
le Héros d'un jour, l'autre l'est de
toute la vie. (*pag.* 267.)

L.

GRAND DIEU ! Que le compte des
Riches & des Puissans sera un jour
terrible, puisque, outre leurs passions
infinies, ils se trouveront encore cou-

-pables devant vous des déſordres publics , de la dépravation des mœurs ,
de la corruption de leur ſiécle ; & que
les péchés des Peuples deviendront
leurs crimes propres. (*pag.* 288.)

MAXIMES

SUR

LE DEVOIR DES ROIS,

ET

LE BON USAGE

DE LEUR AUTORITÉ;

Tirées de l'Extrait d'un Sermon de l'E-
vêque de Sarlat, prêché devant
Louis XIV, en 1646.

L Es Rois ne voyent ni n'entendent
que par les yeux & les oreilles d'autrui,
parcequ'ils s'adonnent trop à leurs plaifirs ; d'où il arrive que tous ceux qui
s'approchent de leurs personnes, sans
en excepter un seul, étant ou flatteurs

ou médifans, ou d'une prudence inté-
reffée, ils ne favent jamais la vérité
ni le véritable état de leurs affaires.
Hift. de Louis XIV, par Larrey, pre-
mier vol. pag. 195.

MAXIMES

SUR

LE DEVOIR DES ROIS ;

ET

LE BON USAGE

DE LEUR AUTORITE ;

*Tirées de la Politique de M. Boſſuet,
Evêque de Meaux, Précepteur de
Monſeigneur le Dauphin.*

I.

C'EST principalement des Loix fon-
damentales qu'il eſt écrit : qu'en les
violant, on ébranle tous les fonde-
mens de la terre : après quoi il ne
reſte plus que la chûte des Empires.
(*Liv. premier pag.* 310 *de la dernière
édition.*) .

II.

EN GÉNÉRAL , les Loix ne sont pas Loix , si elles n'ont quelque chose d'inviolable. Pour marquer leur solidité & leur fermeté , Moyse ordonne : » qu'elles soient toutes écrites nette- » ment & visiblement sur des pierres. « Josué accomplit ce commandement.» (*ibid.*)

Deut. 27. 8.

III.

LES AUTRES Peuples civilisés conviennent de cette maxime. « Qu'il soit » fait un Edit, & qu'il soit écrit selon » la Loi inviolable des Perses & des » Medes : » disent à Assuérus les Sages de son Conseil qui étoient toujours près de sa personne. « Ces Sages savoient » les Loix & le droit des Anciens. » Cet attachement aux Loix & aux anciennes Maximes affermit la société & rend les Etats immortels. (*Ibidem.*)

Esther I. 19.

IV.

LA PUISSANCE des Rois venant d'en- haut , ils ne doivent pas croire qu'il en soient les maîtres pour en user à leur

[45]

gré ; mais ils doivent s'en servir avec
crainte & retenue, comme d'une chose
qui leur vient de Dieu, & dont Dieu
leur demandera compte. « Ecoutez, ô
» Rois, & comprénez : apprénez Juges
» de la terre, prêtez l'oreille, ô vous Sap. 6. 2.
» qui tenez les Peuples sous votre Em- 3. &c.
» pire, & vous plaisez à voir la mul-
» titude qui vous environne : c'est
» Dieu qui vous a donné la puissance :
» votre force vient du Très-Haut, qui
» interrogera vos œuvres, & pénétrera
» le fond de vos pensées. Parcequ'étant
» les Ministres de son Royaume, vous
» n'avez pas bien jugé, & n'avez pas
» marché selon ses volontés. Il vous
» paroîtra bien-tôt d'une manière ter-
» rible ; car à ceux qui commandent
» est réservé le châtiment le plus dur.
» On aura pitié des petits & des foi-
» bles ; mais les Puissans seront puis-
» samment tourmentés ; car Dieu ne
» redoute la puissance de personne,
» parcequ'il a fait les grands & les pe-
» tits, & qu'il a soin également des
» uns & des autres, & les plus forts
» seront tourmentés plus fortement.
» Je vous le dis, ô Rois, afin que vous
» soyez sages, & que vous ne tombiez
» pas. » (*liv. III. pag.* 341 *&* 342.)

V.

LES ROIS doivent donc trembler, en se servant de la puissance que Dieu leur donne, & songer combien horrible est le sacrilége d'employer au mal une puissance qui vient de Dieu. (*ibid.*)

V I.

NOUS AVONS VU les Rois assis dans le Thróne du Seigneur, ayant en main l'épée que lui-même leur a mis en main. Quelle profanation & quelle audace aux Rois injustes, de s'asseoir dans le Thróne de Dieu pour donner des arrêts contre ses Loix, & d'employer l'épée qu'il leur met en main, à faire des violences, & à égorger ses enfans. (*ibid.*)

V I I.

QU'ILS RESPECTENT donc leur puissance ; parceque ce n'est pas leur puissance, mais la puissance de Dieu, dont il faut user saintement & réligieusement. S. Gregoire de Naziance, parle ainsi aux Empereurs. « Respectez votre pour
» pre : reconnoissez le grand mystère

» de Dieu dans vos personnes : il gou-
» verne par lui-même les choses Céles-
» tes ; il partage celles de la terre avec
» vous. Soyez donc des Dieux à vos
» Sujets, » c'est-à-dire, gouvernez les
comme Dieu gouverne, d'une manière noble, désintéressée, bienfai-
sante, en un mot divine. (*ibid.*)

VIII.

DIEU qui a formé tous les hommes
d'une même terre pour le corps, & a
mis également dans leurs ames son
image & sa ressemblance, n'a pas établi entr'eux tant de distinctions, pour
faire d'un côté des orgueilleux, & de
l'autre des esclaves & des misérables.
Il n'a fait des grands, que pour protéger les petits ; il n'a donné sa puissance aux Rois, que pour procurer le
bien public, & pour être le support
des Peuples. (*pag.* 344.)

IX.

PUISSENT les Princes entendre, que
leur vraye gloire est de n'être pas pour
eux-mêmes ; & que le bien public qu'ils
procurent, leur est une assez digne ré-

cómpenfe fur la terre , en attendant les biens éternels que Dieu leur referve. (*pag.* 345.)

X.

C'est un droit Royal de pourvoir aux befoins du Peuple. . . . C'est pourquoi dans les grands befoins, le Peuple a droit d'avoir recours à fon Prince. « Dans » une extrême famine, toute l'Egypte » vient crier autour du Roi , lui de- » mandant du pain. » Les Peuples af- famés demandent du pain à leur Roi, comme à leur Pafteur , ou plutôt com- me à leur Père, & la prévoyance de Jofeph l'avoit mis en état d'y pour- voir. (*ibid.*)

Gen. 41.

X I.

Voici fur ces obligations du Prince une belle fentence du Sage. « Vous ont- » ils fait Prince ou Gouverneur ? Soyez » parmi eux comme l'un d'eux : ayez » foin d'eux & prénez courage , & re- » pofez – vous après avoir pourvu à » tout. »

Eccl. 32.

Cette fentence contient 2 Préceptes.

1. Précepte. « Soyez parmi eux com- » me l'un d'eux. » Ne foyez point or- gueilleux : rendez-vous accefible & fa- milier ,

[49]

milier, ne vous croyez pas, comme
on dit, d'un autre métal que vos Sujets : mettez-vous à leur place, & soyez
leur tel que vous voudriez qu'ils vous
fussent, s'ils étoient à la vôtre.

II. Précepte. « Ayez soin d'eux &
» reposez-vous après avoir pourvû à
tout. » Le repos alors vous est permis :
le Prince est un personnage public, qui
doit croire que quelque chose lui manque à lui même, quand quelque chose
manque au Peuple & à l'Etat. (*pag.*
346.)

X I L

LE SAINT ESPRIT maudit les Princes
ne songent qu'à eux-mêmes, par ces
terribles paroles : « voici ce que dit le *Ezechiel 34*
» Seigneur ; malheur aux Pasteurs d'I-
» sraël qui se paissent eux-mêmes. Les
» troupeaux ne doivent-ils pas être
» nourris par les Pasteurs ? Vous man-
» giez le lait de mes brébis, & vous
» vous couvriez de leurs laines, &
» vous tuiez ce qu'il y avoit de plus
» gras dans le troupeau ; & vous ne
» le paissiez pas : vous n'avez pas forti-
» fié ce qui étoit foible, ni guéri ce
» qui étoit malade, ni remis ce qui
» étoit rompu ; ni cherché ce qui étoit

„ égaré , ni raméné ce qui étoit per-
„ du : vous vous contentiez de leur par-
„ ler durement & impérieufement : &
„ mes brebis difperfées , parcequ'elles
„ n'avoient pas de Pafteurs , ont été
„ la proye des bêtes farouches ; elles
„ ont erré dans toutes les montagnes
„ & dans toutes les collines , & fe font
„ répandues fur toute la face de la ter-
„ re , & perfonne ne les recherchoit,
„ dit le Seigneur. Pour cela , ô Paf-
„ teur, (écoutez la parole du Seigneur.
„ Je vis éternellement, dit le Seigneur,
„ parceque mes brebis difperfées ont
„ été en proye, faute d'avoir des Paf-
„ teurs :) car mes Pafteurs ne cher-
„ choient point mon troupeau ; ces
„ Pafteurs fe paiffoient eux-mêmes &
„ ne paiffoient point mes brebis : &
„ voici ce que dit le Seigneur : je re-
„ chercherai mes brebis de la main de
„ leurs Pafteurs, & je les chafferai afin
„ qu'ils ne paiffent plus mon troupeau,
„ & ne fe paiffent plus eux-mêmes : &
„ je délivrerai mon troupeau de leur
„ bouche , & ils ne le dévoreront
„ plus. „ On voit ici 1°. que le caractère du mauvais Prince , eft de fe paî-
tre foi-même , & de ne fonger pas
au troupeau. 2°. Que le S. Efprit lui

[51]

demande compte non-seulement du mal qu'il fait , mais encore de celui qu'il ne guérit pas. 3°. Que tout le mal que les Raviſſeurs font à ſes Peuples , pendant qu'il les abandonne , & ne ſonge qu'à ſes plaiſirs , retombe ſur lui. (*pag.* 348.)

XIII.

Si le Prince ne doit rien donner à ſes reſſentimens particuliers , à plus forte raiſon ne doit-il pas ſe laiſſer maîtriſer par ſon humeur ni par des averſions, ou des inclinations irrégulières : mais il doit agir toujours par raiſon. (*pag.* 352.)

XIV.

Le Prince ne doit être redoutable qu'aux méchans. . . . . . Il lui convient d'être bon , affable , indulgent , en-ſorte qu'on ſente à peine qu'il ſoit le maître. . . . Moyſe étoit le plus doux de tous les hommes , & par-là le plus digne de commander ſous un Dieu , qui eſt la bonté même. . . . . . Il ne ſe laſſoit jamais d'écouter le Peuple, & il y paſſoit depuis le matin juſqu'au ſoir. . . .

[52]

David étoit tendre & bon. Nathan le
prend par la pitié, & commence par
cet endroit, comme par le plus sensi-
ble, à lui faire entendre son crime.
2. Reg. 12. „ Un pauvre homme n'avoit, dit-il,
„ qu'une petite brebis ; elle couchoit
„ en son sein, & il l'aimoit comme
„ sa fille, & un riche la lui a ravie &
„ tuée. „ Toute la vie de ce Prince est
pleine de bonté & de douceur. Ce n'est
donc pas sans raison que nous lisons
dans un Pseaume, qui apparemment
est de Salomon : « ô Seigneur, sou-
„ venez-vous de David & de toute sa
„ douceur. „ Ainsi parmi tant de belles qualités de David, son fils n'en
trouve point de plus mémorable ni de
plus agréable à Dieu, que sa grande
douceur. Il n'y a rien aussi que les Peuples célèbrent tant. « Nous avons oüi
1. Reg. 20. „ dire que les Rois de la maison d'Israël
31. „ sont doux & cléments. Les Syriens
„ parlent ainsi à leur Roi Benadad,
„ prisonnier d'un Roi d'Israël. Belle
„ réputation de ces Rois parmis les
„ Peuples étrangers, & qualité vrai-
„ ment Royale ! (*pag.* 355. & 356.)

X V.

IL Y A un charme pour les Peuples

[53]

dans la vue du Prince ; & rien ne lui
est plus aisé que de se faire aimer avec
passion. « La vie est dans la gayété du
» visage du Roi , & sa clémence est
» comme la pluye du soir ou de l'ar-
» riére saison » la pluye qui vient alors
rafraîchit la terre desséchée par l'ar-
deur ou du jour ou de l'été , n'est pas
plus agréable qu'un Prince, qui tem-
père son autorité par la douceur ; &
son visage ravit tout le monde, quand
il est serein. (*pag.* 357.)

Prov. 15.
16.

X V I.

Un Prince bienfaisant est adoré par
son Peuple. « Tout le Pays fut en ré-
» pos durant les jours de Simon : il
» cherchoit le bien de sa Nation ; aussi
» sa puissance & sa gloire faisoient le
» plaisir de tout le Peuple. » Que la
puissance est affermie quand elle est
ainsi cherie par les Peuples ; & que Salomon à raison de dire : « La bonté &
» la justice gardent le Roi ; & son
» Thrône est affermi par la clémence. »
Voilà une belle garde pour le Roi , &
un digne soutien de son Thrône. (*pag.*
358.)

Prov. 25.
14.

Prov. 20.
28.

E 3

XVII.

Prov. 28.
15.

» LE PRINCE impitoyable est un Lion
» rugissant, & un Ours affamé : » il
se peut assurer qu'il vit au milieu de
ses ennemis. Comme il n'aime personne, personne ne l'aime. « Il dit en
» son cœur, je suis & il n'y a que moi
» sur la terre : il lui viendra du mal
» sans qu'il sache de quel côté : il

Isaïe 47. » tombera dans une misére inévitable ;
» la calamité viendra sur lui lorsqu'il
» y pensera le moins. (*Ibid.*)

XVIII.

Deut. 17.
16.

» Quand vous vous serez établi un
» Roi, il ne lui sera pas permis de mul-
» tiplier sans mesure ses chevaux & ses
» équipages ; ni d'avoir une si grande
» quantité de femmes, qui amolliffent
» son courage ; ni d'entasser des som-
» mes immenses d'or & d'argent ; &
» quand il sera assis dans son Thrône,
» il prendra soin d'écrire cette Loi,
» dont il recevra un exemplaire de la
» main des Prêtres de la Tribu de Lé-
» vi, & l'aura toujours en main, la
» lisant tous les jours de sa vie ; afin

» qu'il apprenne à craindre Dieu , &
» à garder ses ordonnances & ses juge-
» mens. Que son cœur ne s'enfle pas
» au-dessus de ses frères , & qu'il mar-
» che dans la Loi de Dieu , sans dé-
» tourner à droite & à gauche , afin
» qu'il regne long-tems lui & ses en-
» fans. » Il faut remarquer que cette
Loi ne comprenoit pas seulement la
Réligion , mais encore la Loi du
Royaume à laquelle le Prince étoit
soumis autant que les autres , ou plus
que les autres , par la droiture de sa
volonté. C'est ce que les Princes ont
peine à entendre. « Quel Prince me
» trouverez-vous , dit S. Ambroise , *Amb. Liv. 2.*
» qui croye que ce qui n'est pas bien *Apol. David.*
» ne soit pas permis ; qui se tienne
» obligé à ses propres Loix : qui croye
» que la puissance ne doive pas se per-
» mettre ce qui est défendu par la jus-
» tice ? Car la puissance ne détruit pas
» les obligations de la justice ; mais au
» contraire , c'est en observant ce que
» prescrit la justice , que la puissance
» s'exempte de crime : & le Roi n'est
» pas affranchi des Loix ; mais s'il pé-
» che , il détruit les Loix par son
» exemple. Il ajoute : celui qui juge les
» autres , peut-il éviter son propre

» jugement, & doit-il faire ce qu'il
» comdamne ? » De-là cette belle Loi
d'un Empereur Romain. « C'est une
parole digne de la Majesté du Prince,
» de se reconnoître soumis aux Loix. »
Les Rois sont donc soumis, comme
les autres, à l'équité des Loix, &
parcequ'ils doivent être justes, & parcequ'ils doivent au Peuple l'exemple de
garder la justice. (*Livre premier, pag.*
363 & 364.)

X I X.

LA FORCE du commandement pous-
sée trop loin ; jamais plier, jamais con-
descendre, jamais se rélâcher, s'achar-
ner à vouloir être obéi à quelque prix
que ce soit, c'est un terrible fléau de
Dieu sur les Rois & sur les Peuples....
Une fausse fermeté conseillée à Roboam
par de jeunes gens sans expérience,
lui fit perdre dix Tribus..... Qui ne
veut jamais plier, casse tout-à-coup.
(*pag.* 374.)

X X.

Ecclef. 10.
5.

» LE ROI insensé perdra son Peu-
» ple : les Villes seront habitées par la
» prudence de leurs Princes. » Voici les

fruits bienheureux du sage gouvernement de Salomon. « Le Peuple de Ju- 3. *Reg.* 4.
» da & d'Ifraël étoit innombrable : ils 20. 15.
» buvoient, ils mangeoient & ils vi-
» voient à leur aife : & ils demeuroient
» fans rien craindre, chacun dans fa
» vigne & fous fon figuier. L'or & l'ar-
» gent étoient communs en Jérufalem
» comme les pierres : & les cédres naif-
» foient dans les vallées en auffi grande
» quantité que les Sycomores. » Sous
un Prince fage tout abonde ; les hommes, les biens de la terre, l'or & l'argent. Le bon ordre amene tous les
biens. (*Liv.* 5. *pag.* 383.)

X X I.

On ne fçait ce qu'on fait, quand
on va fans régle, & qu'on n'a pas la
Loi pour guide : la furprife, la préven-
tion, l'intérêt & les paffions offufquent
tout. « Ce Prince ignorant opprime, *Prov.* 28.
» fans y penfer, plufieurs perfonnes, 16.
» & fait triompher la calomnie. »
(*pag.* 389.)

X X I I.

Il faut fur tout que le Prince con-
noiffe fes Courtifans. « Prenez garde à *Ecclef.* 9. 21.

» ceux qui vous environnent , & te-
» nez conseil avec les Sages. . . . . » Le
Prince qui choisit mal , est puni par son
propre choix. . . . David , pour avoir
bien connu les hommes , sauva ses affaires dans la révolte d'Absolon. Il vit
que toute la force du parti rebelle étoit
dans les conseils d'Achitophel , & il
tourna tout son esprit à les détruire.
(*pag.* 392.)

XXIII.

C'est un caractère de folie d'adorer toutes ses pensées. . . . Les Princes
accoutumés à la flatterie sont sujets plus
que tous les autres hommes à ce dé-
faut. . . . . Le Sage regarde tous ceux
qui lui découvrent ses fautes avec prudence , comme des hommes envoyez
de Dieu pour l'éclairer. . . . L'homme
qui peut souffrir qu'on le reprenne , est
Prov. 15. vraiment maître de lui-même : « Qui
ꝟ. 32. « méprise l'instruction , méprise son
» ame : qui acquiesce aux répréhensions
» est maître de son cœur. » (*pag.* 396.)

XXIV.

C'est au Prince principalement que

[59]

s'adreſſe cette parole du Sage. « Achetez Prov. 23.
» la vérité. » Mais qu'il prenne garde 23.
à ne point payer des trompeurs , & à
ne point acheter le menſonge. (*pag.*
597.)

XXV.

LE PREMIER moyen qu'a le Prince
pour connoître la vérité , eſt de l'aimer ardemment , & de témoigner
qu'il l'aime : ainſi elle lui viendra de
tous côtés , parcequ'on croira lui faire
plaiſir de la lui dire. .... La vérité vient
aiſément à un eſprit diſpoſé à la re-
cevoir par l'amour qu'il a pour elle.
Aucontraire toute leur Cour ſera rem-
plie d'erreur & de flatterie , s'ils ſont
de l'humeur de ceux , « qui diſent aux
» voyans , ne voyez pas. . . . . . Dites-
» nous des choſes agréables , voyez Iſaïe 30.
» pour nous des illuſions. » Le monde 10.
eſt rempli de ces inſenſés dont parle
le Sage : « L'inſenſé n'écoute pas les Prov. 18. 2.
» diſcours prudens : ni ne prêt l'oreille
» ſi vous ne lui parlez ſelon ſes penſées.
(*pag.* 401..402.)

XXVI.

LE PRINCE eſt lui-même une ſenti-

nelle établie pour garder son Etat : il
doit veiller plus que tous les autres.
Peuple malheureux ! « Tes sentinelles ,
» (tes Princes, tes Magistrats , tes
» Pontifes, en un mot tous tes Pasteurs
» qui doivent veiller à ta conduite.)
» Tes sentinelles , dis-je , sont tous
» aveugles , ils sont tous ignorans ;
» chiens muets qui ne savent point jap-
» per : ils ne voyent que des choses
» vaines. Ils dorment , ils aiment les
» songes : ce sont des chiens imprudens
Esaïe 56. » & insatiables. Les Pasteurs mêmes
10. 11.12. » n'entendent rien : chacun songe à
» son intérêt : chacun suit son avarice ,
» depuis le premier jusqu'au dernier.
» Venez , disent - ils , buvons , eni-
» vrons-nous ; il sera demain comme
» aujourd'hui , & cela durera long-
» temps. » (*pag.* 406.)

XXVII.

Un Prince présomptueux, qui n'é-
coute pas conseil , & n'en croit que
ses propres pensées , devient intraita-
Prov. 17. ble, cruel & furieux. « Il vaut mieux
12. » rencontrer une Ourse à qui on en-
» leve ses petits, qu'un fol qui se con-
» fie dans sa folie. . . . . » C'est donc en

rénant conseil , & en donnant toute
liberté à ses conseillers qu'on découvre
la vérité , & qu'on acquiert la vérita-
ble sagesse. « Moi sagesse, j'ai ma de- *Prov. 24. 6.*
» meure dans le conseil , & je me trou-
» ve au milieu des délibérations sen-
» sées. » (*pag.* 406 , 407 & 408.)

XXVIII.

LE PRINCE doit tenir conseil avec
très-peu de personnes. Mais il ne doit
pas renfermer dans ce petit nombre
tous ceux qu'il écoute : autrement, s'il
arrivoit qu'il y eût de justes plaintes
contre ses conseillers , ou des choses
qu'ils ne sussent pas , ou qu'ils réso-
lussent de lui taire , il n'en sauroit jamais rien. . . . . . . Il faut que le Prince
écoute , & s'informe de toute part s'il
veut savoir la vérité : ce sont deux
choses : il faut qu'il écoute & remar-
que ce qui vient à lui ; & qu'il s'informe avec soin de tout ce qui n'y
vient pas assez clairement. . . . Dioclé-
tien disoit : « il n'y a rien de plus dif- *Flav. Epist.*
» ficile que de bien gouverner : qua- *Aurel.*
» tre ou cinq hommes s'unissent & se
» concertent pour tromper l'Empereur.
» Lui qui est enfermé dans ses cabi-

» nets , ne fait pas la vérité : il ne
» peut favoir que ce que lui difent ce
» quatre ou cinq hommes qui l'ap-
» prochent. Il met dans les charges
» des hommes incapables. Il en éloigne
» les gens de mérite. C'eft ainfi , di-
» foit ce Prince , qu'un bon Empe-
» reur , un Empereur vigilant , & qui
» prend garde à lui , eft vendu. » *Bo-*
» *nus , cautus , optimus venditur Im-*
» *perator.* (*pag.* 411.)

X X I'X.

Sur-tout prenez-garde aux faux
rapports. « Le Prince qui prend plaifir
» à écouter les menfonges , n'a que des
» méchans pour fes Miniftres. . . . . »
Prenez-garde que le menteur qui a
aiguifé fa langue , & préparé fon
difcours pour couper la gorge à quelqu'un , ne manque pas de couvrir fes
mauvais deffeins fous une apparence
de zéle. Miphibozeth , fils de Jona-
thas , zélé pour David , eft trahi par
Siba fon ferviteur , qui voulant le perdre pour avoir fes biens , vient au-
devant de David avec des rafraîchif-
femens , pendant qu'il fuyoit devant
Abfalon. « Où eft le Fils de votre maî-

» tre ? Lui dit David ; il est demeuré,
» répondit le traitre, à Jérusalem di-
» sant : que Dieu lui rendroit le Royau-
» me de son Père. » Voilà comme on
prépare la voye aux calomnies les plus
noires par une démonstration de zéle.
. . . . Le reméde souverain contre ces
faux rapports, est de les punir. Si
vous voulez savoir la vérité, ô Prince !
Qu'on ne vous mente pas impuné-
ment. Nul ne manque plus de respect
pour vous, que celui qui ose porter des
mensonges & des calomnies à vos oreilles sacrées. . . . . Ce n'est pas seulement
les médisances qui sont à craindre ; les
fausses louanges ne sont pas moins
dangereuses, & les traitres qui ven-
dent les Princes ont des gens apostés
pour se faire louer devant eux. Toutes
ces malices auprès des Grands se font
sous prétexte de zéle. . . . . . O Dieu !
Comment se sauver parmi tant de piéges, si on ne sait se garder des discours
artificieux, & parler avec précaution ?
» Mettez une haye d'épines autour de
» vos oreilles, n'y laissez pas entrer
» toute sorte de discours : n'écoutez
» pas la mauvaise langue : faites une
» porte, & une serrure à votre bou-
» che : pesez toutes vos paroles. » O

Ecclef. 28.
28. 29.

Prince ! Sans ces précautions vos affaires pourront souffrir : mais quand
votre puissance vous sauveroit de ces
maux , c'est pour vous le plus grand
de tous les maux de faire souffrir les
innocens , contre qui les *méchantes lan-*
gues vous auront irrité. (*pag.* 412,
413 & 414.)

XXX.

Si vous voulez savoir ce qui fera
du bien & du mal aux siécles futurs ,
regardez ce qui en a fait aux siécles
passés. Il n'y a rien de meilleur que
Prov. 22. les choses éprouvées. « N'outrepassez
28. » point les bornes posées par vos An-
» cêtres. Gardez les anciennes maxi-
» mes sur lesquelles la Monarchie a été
» fondée, & s'est soutenue. » (*pag.*
415.)

XXXI.

Ecoutez vos amis & vos conseillers ;
mais ne vous abandonnez pas à eux.
Le conseil de l'Ecclésiastique est admi-
Ecclef. 6, rable : « Separez-vous de vos ennemis ,
13. » prenez-garde à vos amis. » Prenez-
garde qu'ils ne se trompent ; prenez-
garde qu'ils ne vous trompent. Que si
vous suivez à l'aveugle quelqu'un qui
aura

aura l'adreſſe de vous prendre par votre foible, & de s'emparer de votre eſprit ; ce ne ſera pas vous qui regnerez : ce ſera votre Serviteur & votre
Miniſtre. Et ce que dit le Sage vous
arrivera : « trois choſes émeurent la   *Prov. 30.*
» terre : » la premiére, eſt un Servi-   21.
teur qui regne. Dans quelle réputation
s'étoit mis ce Roi de Judée, dont
il eſt écrit dans les Actes : « Hérode   *Act.* 12.
» étoit en colére contre les Tyriens & les   20.
» Sydoniens : ils vinrent à lui tous en-
» ſemble ; & ayant gagné Blaſtus,
» Chambellan du Roi, ils obtinrent
» ce qu'ils voulurent. » On vient au
Prince par cérémonie ; en effet, on
traite avec le Miniſtre. Le Prince a les
révérences ; le Miniſtre a l'autorité ef-
fective. On rougit encore pour Aſſuérus, Roi de Perſe, quand on lit dans
l'Hiſtoire la facilité avec laquelle il ſe
laiſſe méner par Aman ſon favori.
(*pag.* 418.)

XXXII.

Il n'y a rien de plus majeſtueux
que la bonté répandue : & il n'y a
point de plus grand aviliſſement de la
Majeſté, que la miſére du Peuple cau-
ſée par le Prince. (*pag.* 430.)

XXXIII.

PHARAON tout endurci & tout Tyran qu'il étoit, ne laiſſoit pas dumoins d'é- Exod. 5. 7. couter les Iſraëlites. « Il écoutoit » Moyſe & Aaron. Il reçut à ſon au- » dience les Magiſtrats du Peuple d'I- » ſraël, qui vinrent ſe plaindre à lui » avec de grands cris, & lui diſoient : » pourquoi traitez-vous ainſi vos Ser- » viteurs ? » Qu'il ſoit donc permis au Peuple oppreſſé de récourir au Prince par ſes Magiſtrats , & par les voyes légitimes : mais que ce ſoit toujours avec reſpect. . . . Moyſe ne ceſſa jamais d'écouter les Iſraëlites , de les adou- cir , de prier pour eux , & donna un mémorable exemple de la bonté que les Princes doivent à leur Peuple. (*liv*. 6. *pag.* 449.)

XXXIV.

C'EST AUTRE choſe que le gouver- nement ſoit abſolu : autre choſe qu'il ſoit arbitraire. Il eſt abſolu par rap- port à ſa contrainte : n'y ayant au- cune puiſſance capable de forcer le Souverain : qui en ce ſens eſt indépen-

dant de toute autorité humaine. Mais
il ne s'enfuit pas delà , que le gouvernement foit arbitraire. Parcequ'outre
que tout eft foumis au jugement de
Dieu : ce qui convient auffi au gouvernement arbitraire , c'eft qu'il y a
des Loix dans les Empires , contre lef-
quelles tout ce qui fe fait eft nul de
droit ; & il y a toujours ouverture à
revenir contre , ou dans d'autres
occafions , ou dans d'autres temps.
De forte que chacun demeure légitime poffeffeur de fes biens : perfonne ne pouvant croire , qu'il puiffe
jamais rien poffeder en fureté , au pré-
judice des Loix : dont la vigilance , &
l'action contre les injuftices & les violences eft immortelle : & c'eft-là ce qui
s'appelle le gouvernement légitime :
oppofé par fa nature , au gouvernement arbitraire. (*liv.* 8. *pag.* 521.)

X X X V.

Le crime que Dieu punit avec tant
de rigueur dans Achab & dans Jezabel,
c'eft la volonté dépravée de difpofer à
leur gré , indépendamment de la Loi
de Dieu , qui étoit auffi celle du Royaume , des biens , de l'honneur , de la
vie d'un Sujet : comme auffi de fe ren-

dre les maîtres des jugemens publics ;
& de mettre en cela l'autorité Royale.
(*pag.* 524.)

XXXVI.

LA CONSERVATION des anciens droits
& des louables coutumes , concilie
aux grands Royaumes, une idée non-
feulement de fidélité & de fageffe ,
mais encore d'immortalité : qui fait
regarder l'état comme gouverné , ainfi
que l'univers , par des confeils d'une
immortelle durée. (*pag.* 527.)

XXXVII.

LES HOMMES , & fur-tout les Grands,
ne font pas fi heureux, que la vérité
aille à eux d'elle-même , ni d'un feul
endroit ; ni qu'elle perce tous les obf-
tacles qui les environnent. Trop de gens
ont intérêt qu'ils ne fachent pas la vérité toute entière : & fouvent ceux qui
les environnent, s'épargnent les uns
les autres, pour ainfi dire , à la pareille.
Souvent même on craint de leur dé-
couvrir des vérités importunes qu'ils ne
veulent pas favoir. Ceux qui font toujours avec eux , fe croyent fouvent

bligés de les ménager , ou par prudence ou par artifice. Il faut qu'ils
descendent de ce haut faîte de grandeur , d'où rien n'approche qu'en
tremblant ; & qu'ils se mêlent en quelque façon parmis le Peuple , pour reconnoître les choses de près , & re-
cueillir de çà & de là les traces disper-
ées de la vérité. (*pag.* 533.)

X X X V I I I.

L'ESPRIT du Prince doit être une
glace nette & unie , où tout ce qui
vient de quelque côté que se soit , est
représenté comme il est selon la vérité.
Il est dans un parfait équilibre , il ne
se détourne ni à droite ni à gauche.
C'est pour cela que Dieu l'a mis au faîte
des choses humaines , afin que libre
des attaques qui lui viendront de ce
qu'il a au-dessous de lui , il ne reçoive
des impressions que d'en-haut , c'est-
à-dire , de la vérité. (*pag.* 538.)

X X X I X.

LA COLÉRE est une passion des plus
indignes du Prince. On doit s'exercer
à la vaincre , quand on aime la jus-

tice , dont elle eſt l'ennemie. » L'hom

Prov. 16. » me patient eſt préferé au courageux
22. » & celui qui ſurmonte ſa colére
» vaut mieux que celui qui prend de
» Villes. » L'Empereur Théodoſe
Grand , avoit bien compris cette Max
me du Sage. Ce Prince tant de fo
victorieux & illuſtre par ſes conquêtes
encore qu'il fût naturellement d'un
colére impétueuſe , profita ſi bien de
conſeils de S. Ambroiſe ; qu'à la fin
comme dit ce Père , il ſe tenoit obligé
quand on le prioit de pardonner ; &
quand il étoit ému par un ſentimer
plus vif de la colére , c'étoit alors qu'
ſe portoit plus facilement à la clémen
ce: (*pag.* 539.)

X L.

Prov. 31. » QUI PRESSE trop la mamelle po
33. » en tirer du lait , en l'échauffant &
» la tourmentant tire du beurre ; qui
» mouche trop fortement fait venir l
» ſang ; qui preſſe trop les hommes
» excite des révoltes & des ſéditions.
C'eſt la régle que donne Salomon. . .
La Réligion n'entré point dans le
manières d'établir les impôts publics
que chaque Nation connoît , la ſeul

égle divine & inviolable parmi tous
les Peuples du monde , est de ne point
accabler les Peuples , & de mésurer les
impôts sur les besoins de l'Etat , & sur
les charges publiques. (*pag.* 596 &
592.)

XLI.

» Les mauvais Ministres , disoit *Esther* 16.6.
» le Grand Roi Artaxerxés (dans la
» lettre qu'il adressa aux Peuples de
» 127. Provinces soumises à son Em-
» pire) en imposent par leurs menson-
» ges artificieux aux oreilles des Prin-
» ces , qui sont simples , & qui natu-
» rellement bienfaisans , jugent des
» autres hommes par eux-mêmes. »
Liv. 612.)

XLII.

Ce qui flatte les ambitieux , c'est
une image de toute puissance , qui semble en faire des Dieux sur la terre. On
ne peut voir sans chagrin l'endroit par
où elle manque , & tout paroît manquer par ce seul endroit ; plus l'obsta-
cle qu'on trouve à ses grandeurs paroît
foible , plus l'ambition s'irrite de ne-

le pas vaincre , & tout le repos de la
vie en est troublé. (*pag. 622.*)

X L I I I.

Sur-tout craignez le flatteur , qui
est le vice des Cours , & la perte de la
Prov. 27. 6. vie humaine : « Les morsures de l'ami
» (qui ne vous offense qu'en disant la
» vérité) valent mieux que les baisers
» trompeurs d'un ennemi (qui se cache-
» che sous une belle apparence. »)
(*pag. 625.*)

X L I V.

Ecclef. 4. » Ne vous opposez point à la véri-
30. » té , & si vous vous êtes trompé ,
» humiliez-vous ; » qui est le mortel
qui ne se trompe jamais ? Faites un
bon usage de vos fautes , & qu'elles
vous éclairent pour une autre occasion.
(*pag. 627.*)

X L V.

» Ecoutez-moi , Rois , & enten-
» dez : Juges de la terre , apprenez vo-
» tre devoir : prêtez l'oreille vous qui
» contenez la multitude , & qui vous
plaisez

» plaisez à vous voir environés des
» troupes de Peuples. C'est le Seigneur
» qui vous a donné la puissance, &
» toute votre force vient du Très-
» Haut, qui examinera vos œuvres,
» & sondera vos pensées, parcequ'é-
» tant les Ministres de son Royaume,
» vous n'avez pas jugé droitement,
» & vous n'avez pas gardé la Loi de
» la justice, & vous n'avez pas mar-
» ché selon la volonté de Dieu. Il vous
» apparoîtra tout d'un coup, d'une
» manière terrible : & ceux qui com-
» mandent seront jugés, par un juge-
» ment très-rigoureux & très-dur. Car
» les petits seront traités avec dou-
» ceur ; mais les Puissans seront puis-
» samment tourmentés. Dieu ne fait
» point d'acception de personne, ni il
» ne craint la grandeur de qui que ce
» soit : parcequ'il a fait le petit com-
» me le grand, & il a un soin égal
» des uns & des autres ; les plus forts
» auront à porter un tourment plus
» fort. » Il ne faut ni réflexion, ni
commentaire. Les Rois, comme
Ministres de Dieu qui en exercent
l'Empire, sont avec raison ménacés pour une infidélité particulière,

G

d'une juftice plus rigoureufe , & de
fupplices plus exquis. Et celui-là eft
bien endormi , qui ne fe reveille pas
à ce tonnèrre. (*pag.* 637.)

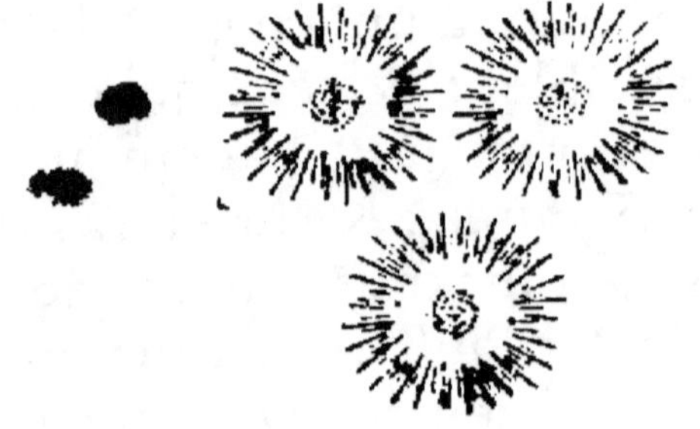

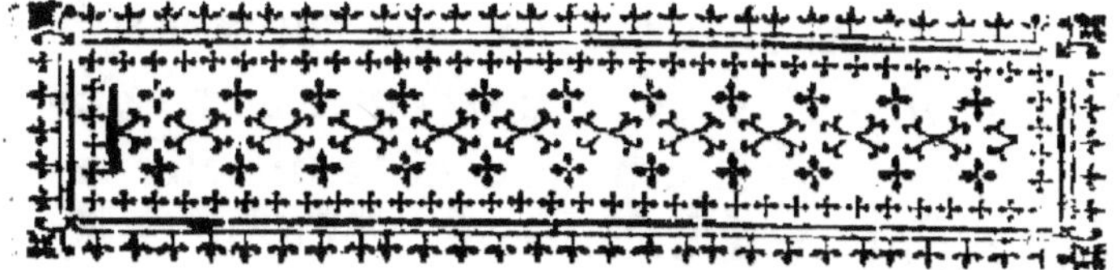

MAXIMES

SUR

LE DEVOIR DES ROIS ;

ET

LE BON USAGE

DE LEUR AUTORITÉ ;

Tirées de l'Institution d'un Prince, par M. du Guet.

I.

UN Prince véritablement digne de commander, est un des plus précieux présens que le Ciel puisse faire à la terre. Les Infidéles même l'ont avoué, & les ténèbres de leur fausse Religion n'ont pû leur cacher ces deux vérités : que Dieu seul donnoit les bons

Rois , & qu'un tel don en renfermoit beaucoup d'autres , parceque rien n'étoit plus excellent que ce qui ressembloit plus parfaitement à Dieu , & que l'image la plus noble de la Divinité étoit un Prince juste , moderé , chaste , saint , & qui ne regnoit que pour faire regner la vertu. (*pag.* 4. *tom. premier.*)

I I.

LES PRINCES sont rarement instruits de leurs devoirs , & les premières teintures d'une bonne éducation sont bientôt effacées. Ils se livrent au plaisir de regner , sans s'informer des justes bornes de leur autorité. L'orgueil, qui est le venin secret de la Souveraine Puissance , les porte à ne plus demander conseil ou à ne le plus suivre. Ils reçoivent sans précaution les erreurs de ceux qui les flattent. Ils deviennent indifférens pour la vérité, ou même ses ennemis. Ils s'accoutument à confon- d e la raison & la justice avec leurs volontés. Ils s'amollissent par les délices , & ils abandonnent à d'autres le poids de l'Etat & des affaires. Ils se bornent aux seules choses qui ne demandent ni application ni travail. Ils ne veulent

être inftruits que de ce qui ne trouble
point leur repos. Ils croyent que tout
eft bien gouverné , parceque tout ce
qui les environne n'offre à leurs yeux
qu'une image d'abondance & de félicité. Ils penfent que tout leur eft dû,
& que leur magnificence & leur gloire
font la fin de tout. Ils fe nourriffent
des refpects exceffifs de ceux qui font
comme en adoration devant eux. Ils
fubftituent l'éclat & la pompe de la
Royauté à ce qu'elle a de véritable &
de folide grandeur. Ils fuccombent
ainfi fous la majefté de l'augufte Place qu'ils occupent , dont ils n'ont que
l'appareil & la repréfentation , fans en
avoir le fond & la vérité. Ils vivent &
meurent fans connoître ni l'origine de
leur pouvoir , ni fon ufage légitime , ni
le compte qu'ils en doivent rendre. Ils
font toute leur vie étrangers à leur propre Etat & à leurs Peuples, dont ils ont
ignoré les befoins , négligé le bonheur,
méprifé les gémiffemens ; & pour ne
s'être occupés que d'eux-mêmes & de
leurs intérêts , ils ont toujours oublié
ce qu'ils devoient être.

I I I.

C'est la même chofe , d'être à la

République & d'être Roi ; d'être pour
le Peuple & d'être Souverain. On est
né pour les autres dès qu'on est né pour
leur commander ; parcequ'on ne leur
doit commander que pour leur être
utile. C'est le fondement & comme la
baze de l'éclat des Princes , de n'être
pas à eux : c'est le caractère même de
leur grandeur, d'être consacrés au bien
public ; il en est d'eux comme de la
lumière , qui n'est placée dans un lieu
éminent , que pour se répandre par
tout. Ce seroit leur faire injure , que
de les renfermer dans les bornes étroi-
tes d'un intérêt personnel. Ils rentre-
roient dans l'obscurité d'une condition privée , s'ils avoient des vues
moins étendues que tous leurs Etats.
Ils sont à tous , parceque tout leur est
confié. Ils ne sont plus à eux-mêmes ,
parcequ'il n'est pas possible de les sépa-
rer du corps dont ils sont l'ame & l'efprit. Ils se font unis la République si
étroitement , qu'on ne peut plus dis-
cerner ce qui est à eux , de ce qui est
à elle ; & l'on trouveroit plutôt une
différence d'intérêt entre la tête & le
corps , qu'entre le Prince & l'Etat.
C'est ce que représentoit à un Prince
chargé de tout le poids de l'Empire ,

celui qui avoit eu foin de l'inftruire, & qui confervoit encore quelque autorité fur fon efprit. Ce n'eft pas pour vous, lui difoit-il, qu'eft la République, c'eft vous aucontraire qui êtes pour elle ; & il ajoutoit dans un autre endroit, que dès l'inftant que l'Empereur s'étoit confacré à la conduite de l'univers, il avoit dû s'oublier pour toujours. (*pag.* 28 & 29.)

I V.

Il est jufte d'honorer l'autorité & d'y être foumis ; mais il n'eft pas jufte qu'un Prince exige l'eftime par le titre feul de l'autorité. Ce feroit alors confondre des chofes très-différentes. Quand le Prince aura des vertus eftimables, je l'eftimerai ; mais quand il fe contentera d'avoir de l'autorité, je refpecterai le pouvoir que Dieu lui a donné ; & je lui refuferai mon eftime. (*pag.* 56.)

V.

Dieu, pour punir les Rois qui aiment à être flattés, permet qu'un efprit de menfonge réuffit à les tromper, & qu'il prévale fur toutes les *remontran-*

ces des hommes *éclairés & fidéles*, pour venger la vérité méprisée dans d'autres occasions. *Tu le tromperas*, dit le Seigneur à l'esprit de mensonge qui s'offroit de tromper le Roi d'Israël par la bouche des faux Prophêtes qui le flattoient, & tu *prévaudras, va & fait comme tu dis.* C'est à ce châtiment secret, mais terrible, qu'il faut attribuer l'obstination de certains Princes à n'écouter rien de salutaire, & à se livrer sans retenuë à des hommes artificieux & violens, qui abusent de leur facilité, quoique les preuves qu'on leur donne de leurs mauvais conseils soient sensibles & convaincantes. Ils ont aimé la flatterie ; il est juste que la souveraine vérité les punisse, en les abandonnant à une flatterie qui les conduit à leur perte, selon cette formidable parole : « Le Seigneur a mis l'es- » prit de mensonge dans la bouche de » tous vos Prophêtes, & il a résolu » votre perte. (*pag.* 128.)

V I.

LE FLATTEUR donne des louanges à tout ce que le Prince aime, à tout ce qu'il dit, à tout ce qu'il fait, à tout ce qu'il a, sans dif-

cernement & sans choix. Il sçait dif-
cerner les inclinations. .... Le gagner par une humeur plus aimable ,
connoître & adroitement ménager tous
les secrets rapports qu'il peut mettre
entre l'imagination du Prince & cer-
taines manières , dont le concours fait
ce qu'on appelle sympathie. Tous les
panchans du Prince & tous les pré-
jugés sont pour lui ; l'inclination est
formée , la confiance va bientôt suivre ; & si elle suit , le Prince est per-
du : car celui à qui il est prêt de la donner , est un esprit dangereux qui en
abusera. C'est un ennemi travesti , qui
veut faire servir l'autorité du Prince à
ses passions , & qui ne pense qu'à lui
inspirer ses propres volontés , en affec-
tant en apparence de suivre tous ses
mouvemens. ...... C'est alors que le
Prince doit connoître que le flatteur
est l'ennemi de sa gloire , de sa vertu ,
de son repos , de son état ; & il doit
le chasser avec toute l'indignation que
mérite sa perfidie. Aucontraire il doit
faire un extrême cas de celui qui dans
les temps d'affoiblissement , où la colère , l'ambition , la volupté commen-
ceroient à se faire sentir , a osé lui
parler sincerement & fortement , qui

a mieux aimé lui déplaire , que de le trahir , & qui a préferé son devoir à toute autre considération , & même à sa fortune. (*pag.* 131 *&* 138.)

VII.

IL Y A peu de Princes , dont on puisse dire ce que S. Ambroise disoit du Grand Théodose après sa mort : « Je » l'ai aimé , parcequ'il n'aimoit point » la flatterie , & qu'il aimoit aucon- » traire à être repris : » Grand éloge qui renferme tout. « Il y a peu de Prin- » ces , comme David , qui regardent » comme une grace & une misericorde » que le Juste les avertisse & les repren- » ne , & qui rejettent le parfum que » le pécheur , c'est-à-dire le flatteur , » veut repandre sur leurs têtes. » Il y en a peu qui soyent de l'avis du Sage , & qui aiment mieux les blessures que fait un ami , que les caresses trom- peuses d'un ennemi qui les flatte. (*pag.* 156.)

VIII.

LE PRINCE n'entend presque jamais rien d'utile , rien d'exact , rien de salutaire. Toutes les idées qu’on lui présente sont fausses. On pervertit devant lui les noms du bien & du mal, des passions & de la vertu. On fortifie un discours séducteur par des exemples encore plus séduisans. L’on ferme à la vérité toutes les avenues : ceux qui environnent le Thrône ont dessein de tromper, ou sont trompés eux-mêmes les premiers. Les uns font servir la séduction à leur intérêt ; les autres suivent, sans dessein, leurs propres ténébres. Le Prince vit au milieu de ces hommes, & il est souvent assez malheureux pour réunir toutes leurs erreurs. (*pag.* 164.)

I X.

QUAND un Prince a des intentions droites, & qu’il demande sincerement à Dieu un homme de sa main, pour lui servir de conseil, Dieu écoute sa priére, & c’est l’Ecriture qui nous en assure : mais elle suppose que la bonne vie soutiendra la priére, & qu’on aura une grande idée de la grace qu’on demande. C’est pour cela qu’elle commence par l’éloge d’un ami fidéle, & qu’elle ajoute ensuite, que le moyen de l'obtenir eſt de craindre Dieu, qui peut ſeul accorder un homme d'un tel mérite. « Un ami fidéle, dit le S. Eſprit, eſt une défenſe invincible. Qui l'a trouvé, a trouvé un tréſor. Rien ne lui peut être comparé. L'or & l'argent ne ſont rien au prix de ſa fidélité. Un ami fidéle eſt un reméde pour nous aſſurer la vie & l'immortalité, & ceux qui craignent Dieu le trouveront. » (*pag.* 196.)

X.

La bonté dès Princes eſt quelquefois la cauſe de leur crédulité. Ils jugent de la ſincerité dès autres par la leur : & plus ils ſont généreux, moins ils ſe défient de la baſſe malignité de ceux qui leur donnent de faux avis. C'eſt ce que diſoit le Roi Aſſuérus, pour s'excuſer de ce qu'il avoit crû trop légérement les calomnies d'Aman contre les Juifs. « Les Princes, diſoit-il, ont de la franchiſe ; ils jugent trop facilement que les autres leur reſſemblent, & ils ſont trompés, parce qu'ils ſont eux-mêmes incapables de vouloir tromper. » Mais une telle excuſe ne décharge point un Prince, qui ne

[85]

oit pas facrifier une Nation entiére à
accufation d'un feul homme ; qui eft
bligé d'examiner puifqu'il eft Juge ;
ui doit avoir plus de peine à croire le
nal de *plufieurs* que d'un *feul* ; & qui
tant le protecteur de tous ceux qui
ui font foumis, ne peut, fans une ex-
rême injuftice , opprimer les uns ,
arcequ'il croit les autres finceres.
pag. 211 & 212.)

X I.

UN DÉLATEUR eft un accufateur fe-
cret qui défire fermer à l'innocence
tout accès auprès du Prince , & de lui
ôter tout moyen de fe juftifier ; qui
fouhaite que l'accufé ignore toujours
le crime qu'on lui impute ; qui con-
feille les voyes les plus courtes & les
plus abregées pour le punir ; qui élu-
de autant qu'il peut , les tribunaux
ordinaires , où tout fe paffe dans les
régles ; qui tranfporte à un feul homme , qu'il a pris foin de repréfenter
au Prince comme le feul en qui il puiffe
prendre confiance , la difcuffion &
l'exécution de tout ce qui regarde ceux
qu'il veut lui rendre fufpects ; & qui
s'applique uniquement à empêcher

que par des voyes publiques ou fe-
cretes , le Prince ne vienne à connoître qui eft le coupable , ou des accu-
fés ou de l'accufateur. . . . . Ce n'eft jamais pour lui , ni pour fes intérêts
qu'il parle , c'eft toujours le Prince qui
eft fon objet. . . . . . Voyez ce que dit
Aman à Affuérus. « Les Juifs font
» tous portés à la révolte & repandus
» dans toutes vosProvinces. Ils font at-
» tachés à d'autres Loix , & à une au-
» tre Religion que celle de l'Etat. Il
» eft de la bonne politique de les préve-
» nir avant qu'ils fe fortifient.» Sa haine
contre Mardochée, & à caufe deluicon-
tre toute la Nation , ne paroît point.
L'intérêt feul duPrince & le bien public
font mis en évidence , & néanmoins
c'étoit au reffentiment de cet ambitieux
que le Prince & le bien public étoient
facrifiés. (*pag.* 217 *&* 218.)

X I I.

QUELLE différence entre un Prince
qui veut que tous les autres foyent heureux auffi bien que lui, qu'ils le foyent
par lui, qu'ils le foyent plus que lui ;
& un Prince qui veut être heureux
tout feul , & qui veut l'être aux dé-

ens des autres ? Combien ce dernier
-t-il d'ennemis secrets ? Combien
nanque-t-il de choses à son bonheur ?
Combien affoiblit-il sa puissance, en
e regnant, ni sur l'esprit, ni sur le
œur de ses Sujets ? De quoi se con-
ente-t-il en se contentant du dehors ?
A quoi borne-t-il sa grandeur, s'il
onsent à n'être point aimé ? Et que
ui auroit-il couté pour mériter de
'être, que de savoir faire usage de sa
grandeur ? Il ne falloit pour cela qu'y
oindre la bonté, c'est-à-dire, le plaisir
l'être Grand pour les autres, & d'être
heureux en bonne compagnie ; il ne
falloit qu'avoir un goût plus exquis de
a Royauté, & ne pas se contenter
de celle qui peut couvenir aux mauvais Princes, & qui, n'étant qu'exté-
rieure, ne remplit pas la noble ambition d'un Roi qui veut l'être en tout
sens, & plus encore par l'amour &
par le mérite, que par la puissance.
(*pag.* 249 & 250.)

XIII.

L'Empereur Alexandre-Sévére ne
s'estimoit heureux, & ne croyoit regner, qu'autant qu'il étoit bienfai-

sant. Il marquoit tous les jours par quelque grace nouvelle ; & il n'en passoit aucun, sans donner quelques témoignages de clémence, de bonté, d'humanité, de compassion, de libéralité, mais sans épuiser l'épargne & sans charger le Public. (*pag.* 252.)

XIV.

Il y a des hommes qui pensent qu'on ne peut regner, si l'on ne préfere quelquefois les considérations d'Etat à l'observation exacte des traités solemnellement jurés ; qui passent légérement sur tout ce qu'un Prince a promis à les Sujets dans l'auguste cérémonie de son Sacre, ou de son Couronnement, quoique le Nom de Dieu & les Saints Mysteres y soyent intervenus. . . . . Ces hommes savent-ils que c'est Dieu seul qui fait les Rois, & qu'ils n'ont d'autre autorité que celle qu'il leur confie ? Croyent-ils que ce soit un moyen bien sûr pour la conserver, que de manquer de Religion, & que de se révolter contre celui qui les a mis sur le Thrône ? . . . . Ne vaudroit-il pas mieux, sans comparaison, descendre du Thrône, que de s'y maintenir par

par l'infraction du serment ? . . . Est-ce même un moyen d'attirer aux Rois les respects du Peuple, que de leur apprendre à ne plus craindre Dieu ? Quand cette crainte sera effacée dans les Sujets, comme dans le Prince, où sera la fidélité & l'obéissance, & sur quel appui le Thrône sera t-il fondé ? On en sappe le fondement par l'impiété ; & c'est enseigner publiquement l'impiété, que d'enseigner le parjure, de quelques prétextes qu'on le colore. (*pag. 305 & 306.*)

X V.

Il ne faut pas que le Prince attende que les plaintes viennent jusqu'à lui, pour remédier aux maux qui en sont le sujet. Il pourroit les ignorer longtems ou même toujours, s'il ne vouloit connoître que ce qui s'offre à lui & qu'il ne peut dissimuler. Il y a si loin du Thrône à la condition des foibles qui gémissent en secret ; il se passe tant de choses dans les Provinces qui y sont étouffées, & qui sont couvertes par le silence ; il est si rare que les personnes opprimées surmontent tous les obstacles qui s'opposent à la justice qu'elles attendent des Loix ; que si le Prince ne va au-devant de tout, s'il ne veille, s'il ne cherche, s'il n'employe tous les moyens possibles pour être instruit, son état sera plein d'injustices impunies, & de violences couvertes sous une apparente tranquillité : & l'on y verra, malgré ses bonnes intentions, ce que déploroit le Sage : les gens de bien repandre d'inutiles larmes, sans consolation & sans appuy, & les injustes qui les oppriment, vivre dans l'abondance & la paix. (*pag. 51 & 52. du deuxiéme vol.*)

X V I.

Le Prince laissera aux *Tribunaux* toute la liberté & toute l'autorité nécessaires pour terminer les affaires qui doivent y être jugées. Il n'en *évoquera* aucune que pour des raisons importantes, & pour le bien même de la justice. Il ne suspendra la conclusion d'aucune, que pour de semblables vues. Il s'appliquera à maintenir l'ordre & la régle, à conserver les anciens *usages*, à faire que chaque *Jurisdiction* jouisse de ses droits & de ses priviléges. Il sera ennemi des nouveautés

& des changemens : & il fera perfua-
dé que tout ce qui s'examine par plufieurs , & felon les *formes* ordinaires ,
eft moins expofé à l'injuftice , que ce
qui fe traite devant peu de perfonnes ,
& d'une maniére moins publique &
moins folemnelle. (*pag.* 79 & 80.)

XVII.

Il faut , pour conferver l'Etat ,
conferver les Maximes anciennes dont
il dépend. Les Princes qui permettent
qu'on les néglige , commettent une
grande faute contre leurs Succeffeurs ,
& contre la République , qui doit être
immortelle par la durée de fes Loix :
& ils éprouvent quelquefois eux-mêmes , avant la fin de leur regne , combien ils étoient intéreffés à s'oppofer
que des opinions nouvelles ne prif-
fent la place des maximes anciennes ,
d'où dépendoit leur gloire & leur fûre-
té. (*pag.* 141.)

XVIII.

Un Prince fage & prudent confent
que les Juges du plus *célébre Tribunal*
de fon Etat n'enrégiftrent les Loix

qu'il leur adreſſe qu'après un examen
reſpectueux , mais libre & ſincere. Il
ne prétend leur fermer ni les yeux ,
ni la bouche , & il ne convertit point
en ſimple formalité , un uſage qui aſ-
ſure encore plus le Prince , que le Peuple , contre les ſurpriſes qu'on peut
faire à ſa Réligion. Il ſait que des per-
ſonnes ſages s'éclairent mutuellement ;
qu'il eſt juſte d'écouter des Sénateurs ,
qui ont vieilli dans la connoiſſance des
Loix , & qui en ſont les Dépoſitaires ;
qu'il affermit ſon autorité , en montrant publiquement qu'il n'en veut
uſer que pour la juſtice ; & qu'il atti-
re un reſpect particulier à ſes Ordonnances , en exigeant que les premiers
Juges & les plus intégres de l'Etat re-
pondent au public de leur équité. S'il
vouloit que les Juges n'euſſent d'autre fonction que celle d'entendre une
lecture inutile & d'y conſentir , ou de
ſe taire après l'avoir entendue , il les
diſpenſeroit de cette ſervitude , qui ne
ſeroit d'aucun fruit pour le Public , &
qui ne feroit que charger leur conſcience. Il aimeroit mieux uſer hautement
de ſon autorité , que de chercher des
Approbateurs condamnés au ſilence :
& il trouveroit plus de généroſité à ne

point demander un témoignage public, qu'à étouffer la voix des témoins.
Un grand Prince est toujours sincere. Ce
qu'il paroît vouloir, il le veut en effet,
il ne défend pas ce qu'il semble exiger:
& s'il veut que les premiers Magistrats
de son Royaume autorisent la Loi qu'il
leur adresse, il leur laisse le pouvoir de
le faire, & il ne les dégrade pas en
faisant mine de les consulter. Autrement
ce qu'il y a de plus auguste dans l'Etat
n'est qu'un vain spectacle, & dégé-
nere en pure cérémonie. Rien n'est
moins approuvé que ce qui paroît
l'être. Tout passe à une voix, & personne n'a parlé, on ne l'a fait sincerement ; souvent un morne silence est
la seule maniére dont opinent les Juges. Quelquefois l'Arrêt d'enrégistre-
ment n'est pas prononcé par celui même qui préside, & le Greffier le dresse
comme étant de pur stile. Si quelqu'un
osoit dire en mots entrecoupés quelque
chose, où il parût une étincelle de liberté, il seroit regardé comme sédi-
tieux, & puni comme tel. Ainsi on
ne s'assemble point en ces occasions
comme Juges, mais comme Flateurs :
& la flatterie est si grossiére, que personne n'y est trompé, & que l'en-

régiſtrement eſt plutôt une preuve d'im-
probation que de conſentement. Quand
un Prince a bien examiné par lui-même , & avec un ſage Conſeil , la juſtice & la néceſſité d'une Ordonnance ;
il ne craint point que des hommes zé-
lés pour ſa gloire , & pleins de reſpect
pour ſes volontés , n'acceptent avec
diſcernement & avec lumiére la Loi
qu'il leur adreſſe. Mais moins il a pris
de précautions , moins il ſouffre qu'on
en prenne pour lui ; il ne veut point
qu'on délibere , quand il ne l'a pas fait ;
& il regarde comme une témerité, d'o-
ſer approfondir ce qu'il n'a pas voulu
connoître. C'eſt d'ordinaire par l'inſ-
piration d'un Miniſtre trop abſolu que
le Prince défend toute réflexion ſur ſes
Edits. Ils ſont l'ouvrage de ce Miniſtre qui ne veut être , ni éclairé , ni
contredit , qui ne peut ſouffrir que ſon
autorité ſoit balancée par celle d'aucun
Tribunal , & qui s'applique à humi-
lier ce qu'il y a de plus grand & de plus
ferme dans l'Etat , pour y regner ſous
le nom de ſon maître. Ce Miniſtre a
ſouvent des vues particuliéres , oppo-
ſées au bien public : & quand ſes intentions ſeroient toujours pures , il
n'a pas une telle ſageſſe , ni une telle

étendue d'esprit, qu'il n'ait befoin
d'aucune autre lumiére. Les Sénateurs
du premier fiége feroient capables de
fuppléer à ce qui lui manque, ou de
rectifier ce qui feroit contraire au bien
public. Le Prince, dont les intérêts
font inféparables de ceux de l'Etat, les
charge de veiller contre les furprifes,
& leur envoye à ce deffein tout ce qui
doit être revêtu d'une forme autenti-
que : & par une inconftance, dont la
jaloufie de fon Miniftre eft le principe,
il rétracte ce qu'il commande, & il
défend d'avoir aucune attention fur fes
intérêts, ni aucun zéle pour le bien
public. Quand le Miniftre à fçû impo-
fer filence à tout le monde, & rendre
fon maître l'exécuteur de fes volontés,
il paffe fouvent jufqu'à lui épargner la
peine d'en être inftruit. Il fait lui feul
la difpofition d'un Arrêt, d'un Régle-
ment, d'un Edit : il le préfente au
Prince pour le figner, avec la même
confiance qu'il le préfenteroit à fon
Sécrétaire : & il compte fi fort fur fa
complaifance, ou fur fa pareffe, qu'il
donne quelquefois à l'Imprimeur un
projet, dont le Prince n'a pas encore
entendu la lecture. Cependant tout
fléchit fous le pouvoir arbitraire d'un

Serviteur , parcequ'il a sçu perfuader
fon Maître , que l'obéiffance eft l'unique vertu des premiers Juges , & qu'elle doit être aveugle à tel point , qu'elle
ne s'informe pas même fi c'eft lui qui
commande , ou fi un autre a pris fa
place ; & il arrive ainfi , que plus un
Prince affecte d'être abfolu , plus il
montre au Public la dépendance où le
tient fon Miniftre. Il n'y a donc rien
qui marque mieux qu'un Prince gouverne par lui-même , que la liberté
qu'il laiffe à des Juges Supérieurs de
prendre connoiffance des Loix qu'il
leur adreffe , & d'examiner fi fes intérêts , qui font ceux de la Juftice & de
l'Etat , n'y font point bleffés : car il
eft évident dèslors qu'il veut être inftruit de tout , qu'il eft en garde contre les furprifes , & qu'il ne veut pas
qu'on abufe de fon nom & de fon
pouvoir , pour établir rien d'injufte.
Il ne faut que cela pour l'empêcher ,
& pour en ôter même la penfée : car
lorfque les remontrances refpectueu-
fes font permifes , elles font rarement
néceffaires. Les Miniftres ne veulent
point y donner d'occafion. Ils font fa-
ges & circonfpects , & ils ne propofent
rien au Prince qui ne foit digne de lui ,
de

de sa bonté & de sa justice ; rien qui ne
soit conforme aux anciennes Maximes ; rien qui ne tende au bien public. Le terme de rémontrance ne peut
blesser un Prince qui aime la vérité. Il
la cherche & il la préfere à tout. Il in-
vite tout le monde à la lui dire. Il ne
craint que le mensonge & la flatterie ;
& il regarde comme des qualités essen-
tielles dans les Magistrats, la sincérité
& la fidélité. Il sçait que non-seulement elles ne sont point opposées à la
soumission & au respect, mais qu'elles
en sont des preuves : & il se tiendroit
offensé, si l'on le croyoit incapable
de conseil, ou si l'on craignoit de lui
déplaire, en lui disant ce qui seroit
utile à son service. Il ne s'engage pas
à le suivre, quoiqu'il l'écoute. Il est
toujours le maître ; & il le sçait bien :
mais c'est parcequ'il est toujours le
Maître qu'il veut tout sçavoir , &
qu'il ne souffre pas qu'un Ministre ôte
à des Juges la liberté qu'il leur donne.
(*pag.* 145 *& suiv.*)

X I X.

RIEN n'est plus opposé aux desseins
de Dieu , & à la première institution

de la puissance Royale , que le pouvoir arbitraire, qui la déshonore en la
faisant dégénerer en tyrannie. Il
est pour le Prince , d'une conséquen-
ce infinie de bien connoître les carac-
tères des deux Puissances. . . . . Le caractère de la Souveraine Autorité ,
quand elle est pure , & qu'elle n'a
point dégéneré , ni de son origine ni
de sa fin ; est de gouverner par les
Loix, de régler sur elles ses volontés ,
& de se croire interdit tout ce qu'elles
défendent. Ainsi le Prince & les Loix
commandent la même chose , l'autorité n'est pas partagée. L'exemple du
Prince n'affoiblit pas les Loix , & les
Loix ne condamnent pas le Prince.
C'est tout l'opposé dans le pouvoir arbitraire. Il donne ses volontés pour
Loix , & sa conduite pour Régle. Il
sépare son autorité de celle du droit
public. Il méprise celle des Loix , &
les Loix condamnent l'abus qu'il fait
de la sienne. (*pag.* 159 , 160 & 161.)

X X.

» JE ME SOUVIENS d'avoir oui dire à
» mon père , dit Vopis-Cus dans la vie
» d'Aurélien , que depuis que Dioclé-

» tien se fut réduit à une condition pri-
» vée, il ne voyoit rien de plus dif-
» ficile que de remplir tous les devoirs
» d'un Empereur. Il ne faut, disoit-il,
» que quatre ou cinq personnes, bien
» unies entr'elles & bien déterminées
» à tromper le Prince pour y réussir.
» Ils ne lui montrent jamais les cho-
» ses que par le seul côté qui peut les
» lui faire approuver. Ils lui cachent
» tout ce qui contribueroit à l'éclairer.
» Et comme ils l'obsédent seuls, il ne
» peut être instruit que par leur Ca-
» nal : & il ne sçait que ce qu'il leur
» plaît de lui dire. Ainsi il accorde les
» Magistratures à qui il les faudroit re-
» fuser. Il déstitue aucontraire de leurs
» emplois, ceux qui en sont les plus
» dignes ; & pour tout dire en un mot,
» un Prince, qui d'ailleurs avoit de
» bonnes intentions, & qui auroit
» pû devenir excellent, s'il avoit eu des
» Ministres fidéles, est vendu par eux ;
» malgré sa vigilance, & malgré mê-
» me ses défiances & ses soupçons. Voi-
» là, continue l'Historien, ce que dé-
» ploroit un Empereur, qui n'avoit
» connu de quels piéges le Thrône est
» environné, qu'après en être descen-
» du ; & l'on peut juger de-là, que

[100]

„ rien n'eſt plus rare qu'un Prince vrai-
„ ment ſage , ni rien de plus difficile
„ que de bien gouverner. „ (*pag.* 206
& 207.)

X X I.

L'OBÉISSANCE au Roi ne coûte rien :
mais celle qu'exige un Sujet eſt inſup-
portable. On connoît le Maître, mais
non le Serviteur : on veut dépendre
de la Souveraine Autorité , mais non
ramper ſous un homme qui devroit
obéir comme les autres. On ſe ſou-
met pourtant ſi l'on y eſt forcé ; mais
avec une ſecrete indignation , & en
cherchant tous les moyens d'abbattre
une Puiſſance importune. (*pag.* 240.)

X X I I.

L'EMPEREUR Valentinien ſécond ,
quoique fort jeune , fut expoſé à la
cenſure du Public, & la maniére dont
il en profita , doit ſervir de modéle
à tous les autres Princes. On diſoit
de lui qu'il aimoit les Spectacles du
Cirque ; dès qu'il le ſçut , il ſe fit une
régle de n'y aſſiſter jamais , & n'ex-
cepta pas même certains jours où ſa
préſence y paroiſſoit néceſſaire. On

croyoit qu'il donnoit aux plaisirs de la chasse une partie du temps qu'il devoit aux affaires, il ordonna qu'on tuât toutes les bêtes qu'il faisoit nourrir dans son Parc. On le blâmoit de se mettre à table de trop bonne heure ; & l'avantage qu'il tira de ce reproche, fut de s'exercer au jeûne, & d'en porter la sévérité si loin, que dans les cérémonies, où l'usage vouloit qu'il régalât les Grands de sa Cour, dont plusieurs étoient infidéles, il assistoit au repas sans y manger, lorsque c'étoit un jour de jeûne pour les Chrétiens, quoiqu'il n'eût pas alors vingt ans, & il trouvoit ainsi le moyen d'allier la civilité avec la Réligion & la conscience. (*pag. 365 & 366.*)

XXIII.

Tout le monde est capable de comprendre quelle seroit la félicité d'une Nation, où toute la force & toute l'autorité seroient accordées à la vertu : où toutes les ménaces & tous les châtimens ne seroient que contre le vice : dont le Prince ne seroit terrible qu'à quiconque feroit du mal, & jamais à ceux qui aiment & font le bien :

I 3

où l'épée que Dieu lui a confiée seroit
la protection des justes, & ne feroit
trembler que leurs ennemis : où la vérité & la clémence s'uniroient : où la
justice & la paix se donneroient un mu-
tuel baiser, & où l'on verroit accom-
pli ce qu'a dit l'Apôtre : la vertu res-
pectée & comblée d'honneur, & le
vice humilié & couvert d'ignominie.
(*pag.* 401.)

MAXIMES

SUR

LE DEVOIR DES ROIS,

ET

LE BON USAGE

DE LEUR AUTORITÉ;

Tirées de l'Extrait de la Préface des Annales de la Monarchie Françoise, par Limiers.

LES PRÉCEPTES s'effacent, mais les exemples entraînent ; & ce qui fait l'utilité des exemples rapportés dans l'histoire, c'est que, soit qu'ils regardent la Morale, la Politique ou la Religion, ils font une preuve que le bien n'est pas aussi difficile à pratiquer qu'on se l'imagine ordinairement : que les grandes vertus ont presque toujours été récompensées , & les grands crimes presque toujours punis

dès cette vie ; ou que si quelques fameux
scélerats ont eu le bonheur de mourir
dans leurs lits, leurs noms ont dumoins
été couverts d'un opprobre qui ne les
transmet qu'avec honte à la postérité.

Dans la Morale, la liaison est si
grande des intérêts de l'Etat avec ceux
des Particuliers qui le composent, que
les uns influent toujours sur les autres,
& que les vices & les vertus qui pro-
duisent les grandes révolutions peuvent instruire également & les Sujets
& ceux qui gouvernent. Ce ne sont pas
seulement les vertus des Princes qui con-
tribuent à la prosperité d'un Etat, comme ce ne sont pas feulement leurs vices
qui lui attirent les plus grands malheurs:
le bien & le mal des Particuliers concou-
rent à les rendre heureux ou malheureux. Et quand l'histoire ne serviroit
qu'à faire connoître les causes des éve-
nemens pour les appliquer aux diverses
conjonctures où l'on se trouve, on ne
laisseroit pas que d'en tirer une utilité
très-réelle. On peut s'instruire par ce
moyen aux dépens des autres Nations ;
on peut, sans sortir même des exemples que fournit la France, éviter les
malheurs d'un regne par les défauts
d'un autre, & prévenir les maux dont
on peut être ménacé par la considéra-

tion de ceux qui font arrivés dans un
autre temps. C'eſt ainſi que *Salluſte* op-
poſoit les vices auxquels il attribuoit
la décadence de la république Romaine
de ſon temps, aux vertus auxquelles
les anciens Romains étoient rédeva-
bles de leur proſpérité : *ils ſe ſont éle-
vés*, diſoit-il, *par diverſes choſes qui
nous manquent. Dans Rome on les voyoit
ſoigneux & vigilans. Dans les emplois
qu'ils exerçoient au - dehors, ils ſui-
voient la juſtice & l'équité. Dans les dé-
liberations ils étoient libres de préju-
gés, & ne montroient ni paſſion ni par-
tialité. Au lieu de ces vertus, nous
avons le luxe & l'avarice ; les particuliers ſont dans l'opulence, tandis que
l'Etat eſt dans la pauvreté.*

L'HISTOIRE apprend aux hommes à
ſe connoître ; parceque les hommes
ſont toujours les mêmes ; & cette étude
par conſéquent eſt également utile aux
Rois & aux Particuliers. Les uns & les
autres s'y voyent dans les portraits de
ceux qui les ont précédés. Portraits
qui ſont pour l'ordinaire d'autant plus
reſſemblans, que l'éloignement du
temps mettant une grande diſtance
entre les originaux & nous, on ne
craint point les reproches d'avoir

exténué leurs vertus , ou exageré leurs vices.

CETTE utilité de l'histoire par rapport à la Morale , est la même par rapport à la Politique, on y voit ce qui peut nuire , ou contribuer au bien de la société ; quelle est la forme de gouvernement la plus convenable à la nature de l'homme ; & , dans les diverses formes établies , quels sont les défauts qui en derangent & en alterent la constitution. L'histoire nous instruit des moyens par lesquels la liberté publique se perd & se conserve , elle nous enseigne ce qui fait la prospérité & la ruine des Etats les plus florissans ; par quels degrés un Peuple libre, accoutumé à élire ses Rois , en est devenu l'esclave dans la suite. Comment une Monarchie déclarée héréditaire dans la Maison d'où a été choisi le premier Roi , s'est élevée peu-à-peu à une autorité si absolue, qu'elle ne differe en rien du despotisme ; par quelle voye les Parlemens établis pour mettre des *bornes* à l'autorité des Rois, ont été dépouillés de ce droit, ou l'ont eux-mêmes laissé perdre par leur *nonchalance* & leur *mollesse* ; *jusqu'où* les Rois peuvent porter le droit de *com-*

mander, & *jusqu'où* les Peuples font obligés *d'obéir* ; quel eft le fage *milieu* qui doit fervir de barrière entre l'ambition des uns & la licence des autres ; enfin par quelles Loix un Peuple, fans devenir *rebelle* , peut veiller à la confervation de fes *droits* naturels, quand il s'apperçoit que le Souverain veut les *violer*.

VOILA ce que nous enfeigne l'hiftoire. Il y a même une fi grande liaifon entre la Morale & la Politique, que la véritable Politique n'eft autre chofe que la jufte obfervation des devoirs que la Morale nous prefcrit. Qu'on examine quelles font les caufes qui ont fait perdre la liberté à la République Romaine , & l'on verra que ce font les mêmes qui ont fait perdre l'Empire aux Empereurs. Qu'on examine ce qui a fait perdre aux Rois d'Efpagne les belles Provinces des Pays-Bas , & ce qui a formé des débris de cette Monarchie, la plus floriffante de toutes les Républiques , & l'on verra que ce font les mêmes excès qui ont quelquefois fait renfermer des Rois de France dans des Monaftères , qui ont donné lieu à la tenue des Etats du Royaume pour remplir

le Thrône vacant, & qui ont fait paf-
fer la Couronne dans une Maifon
étrangère. Il eft vrai que quelquefois
ç'a été l'ambition de quelques Grands
qui a produit ces révolutions ; mais la
foibleffe & l'inapplication des Princes,
ou l'abus qu'ils faifoient de leur pouvoir, en a toujours été la première
caufe : le prétexte du bien public a
fervi à élever fur le Thrône ceux qui
n'étoient pas en droit d'y monter ;
tant il eft vrai qu'il n'y a point de forme de gouvernement, à qui les vices qui attaquent la Morale & la Politique, ne foyent également préjudi-
ciables. Que l'on confidére les caufes
de tant de guerres ou civiles ou étrangères, qui ont mis tant de fois la
Monarchie Françoife à deux doigts
de fa ruine, & l'on reconnoîtra que
ce font les mêmes défordres que tous
les Hiftoriens reprochent aux anciens
Romains : l'extrême corruption des
mœurs, jointe au rélâchement de la
difcipline Militaire ; les dépenfes pro-
digieufes de ceux qui gouvernent ; la
fomptuofité de leurs tables, de leurs
équipages, de leurs ameublemens ;
la magnificence de leurs Palais, leur
prodigalité envers *leurs Favoris & leurs*

[109]

Maitreſſes ; la vie diſſolue de ceux qui
ont part aux affaires ; la venalité de
leurs ſuffrages dans les délibérations
publiques ; leur devouement à un Chef
de parti, à qui ils permettent de diſ-
poſer à ſon gré de leur raiſon, de leur
liberté, de leur conſcience ; la divi-
ſion entre les Citoyens qui prennent
chacun leur réſolution à part, & qui
ne conſultent que leur propre intérêt.
Ainſi perſonne ne prenoit ſoin de défendre la République, & elle demeu-
roit expoſée à quiconque la vouloit
envahir. D'où il paroît que ſi la dé-
bauche, le luxe, le libertinage rui-
nent la liberté des Républiques, ils
renverſent auſſi preſqu'infailliblement
les Monarchies les mieux fondées ; &
que ſi le vice ou la vertu ont une ſi
grande influence ſur la ruine ou la
conſervation des Etats, quelle que
ſoit la forme de leur gouvernement,
la bonne politique conſiſte à détruire
l'un & à faire regner l'autre par une
ſage diſtribution des peines & des ré-
compenſes. Une autre leçon de politique que l'hiſtoire confirme par mille
exemples, & que pour leur propre
bonheur, auſſi bien que pour le bonheur de leurs Peuples, il ſeroit à ſou-

haiter que les Rois euſſent toujours devant les yeux , c'eſt que , *s'ils ſou-* *haitent de conſerver leur autorité , ils* *ne doivent jamais entreprendre de l'é-* *tendre au-delà des juſtes bornes que leur* *preſcrivent les Loix particulieres de* *leur Etat.* C'eſt un principe répandu dans toute la politique d'*Ariſtote* , que les Rois ſont des *Tyrans* , dès qu'ils veulent s'attribuer un pouvoir qu'ils n'ont pas par les Loix. *Il n'y a Roi ne* *Seigneur ſur terre* , dit Commines , *qui ait pouvoir , outre ſon domaine ,* *de mettre un denier ſur ſes Sujets ſans* *octroi & conſentement de ceux qui le* *doivent payer , ſinon par tyrannie ou* *violence.* . . . . . L'Hiſtoire nous apprend que , quelle que ſoit la forme de gou- vernement , les Rois jurent toujours de maintenir les droits du Peuple , & le Peuple de défendre l'autorité des Rois ; mais en tant que cette auto- rité eſt exercée conformément aux Loix ; & pour m'en tenir ici au gou- vernement de France : *l'Empire des* *François* , dit un Auteur cité par M. de Thou , *a été dès le commencement réglé* *ſur les Loix , ſans jamais avoir été cor-* *rompu par aucun deſir de dominer.* Com- me ſans avoir un Chef , les Peuples ne

uvoient pas conserver ce qu'ils avoient
rquis par leur valeur & par leurs ar-
es, ils choisirent un Roi, dans la
amille duquel ils pussent avoir des Gou-
erneurs. Ces Rois ne gouvernoient pas
lon leur caprice : leur pouvoir étoit
ridé par les Loix auxquelles eux-mêmes
béissoient.

Enfin l'utilité de l'histoire par rapport
la Religion, c'est qu'elle nous apprend
ombien la Réligion est nécessaire pour
bien de la societé. Il est vrai que la
aison seule peut suffire pour obliger
es hommes à se dépouiller en quel-
ue façon de leur liberté naturelle,
à la mettre comme en dépôt entre
es mains de ceux qu'ils ont choisis
our les gouverner. Mais ce que la né-
essité leur a fait faire, parcequ'au-
rement ils n'auroient pû s'assûrer de
ouir de leur vie & de leurs biens,
quel autre motif que celui de la Religion peut les obliger à le ratifier, des
qu'il est tant soit-peu contraire au dé-
ir d'être heureux, pour lequel ils ont
ait ce sacrifice ? Quel autre motif que
celui de la Religion peut les engager
à l'observation des devoirs mutuels de
la societé ? L'amour de la gloire, le
héroïsme suffit-il pour porter les hom-

mes à facrifier à la défenfe de leur patrie cette même vie & ces biens pour
la confervation defquels ils fe font foumis à un gouvernement ? Il faut don
un principe plus noble , plus univer-
fel , plus capable d'agir fur les ame
moins fenfibles à la belle gloire ; & ce
motif ne peut être que la Religion.
C'eft elle qui par l'efpérance qu'elle
nous donne d'une autre vie , nous
porte à facrifier à notre Patrie tout c
que nous poffédons en celle-ci : c'ef
elle qui met un frein à nos paffions ,
qui empêche que la focieté ne devien
ne un brigandage qui fait refpecter le
Loix & les Jugemens , & qui fait qu'or
fe foumet à une condamnation quelquefois injufte , parcequ'elle éman
d'un autorité à laquelle la Religior
attache un nouveau motif de refpect.

FIN.